STUDENT ACTIVITIES MANUAL

¿Cómo se dice...?

STUDENT ACTIVITIES MANUAL

¿Cómo se dice...?

NINTH EDITION

Ana C. Jarvis
Chandler-Gilbert Community College

Raquel Lebredo
California Baptist University, Emerita

HEINLE
CENGAGE Learning™

Australia • Brazil • Japan • Korea • Mexico • Singapore • Spain • United Kingdom • United States

HEINLE
CENGAGE Learning

**Student Activities Manual: ¿Cómo se dice...?,
Ninth Edition**
Ana C. Jarvis, Raquel Lebredo

Executive Publisher: Rolando Hernández

Senior Sponsoring Editor: Glenn A. Wilson

Executive Marketing Director: Eileen
   Bernadette Moran

Senior Development Editor: Judith Bach

Project Editor: Amy Johnson

New Title Project Manager: Susan Peltier

Editorial Assistant: Erin Beasley

Marketing Assistant: Lorreen Ruth Pelletier

Photo Credits: p. 1: All three photos © AP/Wide
   World Photos.

For product information and technology assistance, contact us at
Cengage Learning Customer & Sales Support, 1-800-354-9706

For permission to use material from this text or product,
submit all requests online at **www.cengage.com/permissions**
Further permissions questions can be emailed to
permissionrequest@cengage.com

ISBN-13: 978-0-547-00139-5

ISBN-10: 0-547-00139-8

Heinle
25 Thomson Place
Boston, MA 02210
USA

Cengage Learning is a leading provider of customized learning solutions with
office locations around the globe, including Singapore, the United Kingdom,
Australia, Mexico, Brazil, and Japan. Locate your local office at
international.cengage.com/region

Cengage Learning products are represented in Canada by Nelson Education, Ltd.

To learn more about Heinle, visit **www.cengage.com/heinle**

Purchase any of our products at your local college store or at our preferred
online store **www.ichapters.com**

Printed in the United States of America
3 4 5 6 7 11 10

Contents

Preface

The *Student Activities Manual* is a fully integrated component of **¿Cómo se dice...?**, Ninth Edition, a complete introductory Spanish program for the college level. As in previous editions, the *Student Activities Manual* reinforces the grammar and vocabulary presented in the **¿Cómo se dice...?** core text and helps to develop your listening, speaking, reading, and writing skills.

The lessons in the *Student Activities Manual* are correlated to the student text. Workbook and Laboratory Activities are provided for each of the eighteen textbook lessons. To use this key component of the **¿Cómo se dice...?** program to its best advantage, it is important that you fully understand its organization and contents.

Workbook Activities

The Workbook Activities are designed to reinforce the grammar and vocabulary introduced in the textbook and to develop your writing skills. They include sentence completion, sentence transformation, fill-in charts, dehydrated sentences, answering questions, guided situations, crossword puzzles, and illustration-based exercises.

Each odd-numbered Workbook lesson ends with a section entitled **Para leer**, consisting of a reading that re-enters the vocabulary and grammar of the textbook lesson and follow-up questions to test reading comprehension.

After every other lesson, there are two additional review sections. **Hasta ahora... Una prueba** provides a brief self test or review of the preceding two lessons' vocabulary and structures combined. **Un paso más** offers additional realia-based activities and writing practice.

Laboratory Activities and Audio Program

The Laboratory Activities accompany the *Audio Program* for **¿Cómo se dice...?**, Ninth Edition, which provides approximately nineteen hours of recorded exercises presented by native speakers. The Laboratory Activities include listening, speaking, and writing practice for each lesson under the following headings:

Diálogos The lesson dialogues recorded at natural speed for aural comprehension and student repetition.

Preguntas y respuestas Questions on the content of the dialogues that verify comprehension and provide oral practice.

Situaciones An open-ended listening and speaking activity that elicits responses appropriate to situations related topically and structurally to each lesson.

Pronunciación Pronunciation activities that parallel the pronunciation sections in Lessons 1–9 of the textbook and provide ongoing practice in subsequent lessons. Lessons 10–18 will provide ongoing practice by focusing on dialogue words and phrases that are challenging to pronounce.

Estructuras A set of three to seven exercises that provide listening and speaking practice and test mastery of the Estructuras grammar topics introduced in each lesson. Models for these exercises are printed in the Laboratory Activities.

¿Cuál describe el dibujo? Students hear three sentences and decide which of the three accurately describes an accompanying illustration.

Unos diálogos breves Lively, contextualized conversations that are related to each lesson's theme and are followed by comprehension questions.

Para contestar A listening-and-response exercise in which you reply to questions according to the cue provided for answers.

Tome nota A listening exercise in which you write information based on what you hear in recorded listening passages containing realistic simulations of radio advertisements, announcements, newscasts, and other types of authentic input.

Dictado A dictation that reinforces the lesson theme and grammar structures.

An Answer Key to the written exercises and the **Hasta ahora... Una prueba** and **Un paso más** with discrete answers in each lesson is available at your instructor's discretion.

The *Student Activities Manual*, an important part of the **¿Cómo se dice...?**, Ninth Edition, program, is designed to reinforce the associations of sound, syntax, and meaning needed for effective communication in Spanish. Students who use the *Student Activities Manual* and the *Audio Program* consistently will find these components of great assistance in assessing their achievements and in targeting the specific lesson features that require extra review. A passkey to access the *SAM Audio Program* on the student website is available for purchase.

We would like to hear your comments on **¿Cómo se dice...?**, Ninth Edition, and on this *Student Activities Manual*. Reports of your experiences using this program would be of great interest and value to us. Please write to us care of Heinle, Cengage Learning, World Languages, College Division, 222 Berkeley Street, Boston, Massachusetts 02116-3764 or online at college_world_lang@cengage.com.

Ana C. Jarvis
Raquel Lebredo

STUDENT ACTIVITIES MANUAL

¿Cómo se dice...?

Lección **1**

Workbook Activities

Estructuras

A. The alphabet Spell the names of the following persons.

1.

Sandra Cisneros

2.

Antonio Villarraigosa

3.

Bill Richardson

1. Este (*This*) nombre se escribe así:

   _____

2. Este nombre se escribe así:

   _____

3. Este nombre se escribe así:

   _____

B. Cardinal numbers 0–30 Write, in Spanish, the number of students that each of the professors has in his/her class.

1. Luis Acosta: 15   (_____) estudiantes

2. Marta Vega: 24   (_____) estudiantes

3. Ana Ruiz: 30   (_____) estudiantes

4. Oscar Paz: 14   (_____) estudiantes

5. Raúl Montes: 19   (_____) estudiantes

6. Olga Vera: 13   (_____) estudiantes

7. Rafael Soto: 17   (_____) estudiantes

8. Nora Vargas: 12   (_____) estudiantes

C. Colors You are teaching some Spanish-speaking children to paint. Tell them what colors will result by mixing the following colors.

1. azul y amarillo: _____

2. blanco y rojo: _____

3. blanco y negro: _____

4. amarillo y rojo: _____

5. azul y rojo: _____

D. Days of the week You are in charge of making a calendar for your Spanish class. Write the days of the week below. Remember that in Spanish-speaking countries the week starts on Monday.

		1	2	3	4	5
6	7	8	9	10	11	12
13	14	15	16	17	18	19
20	21	22	23	24	25	26
27	28	29	30			

SEPTIEMBRE

E. Months and seasons of the year Keeping in mind that the seasons are reversed in the Southern Hemisphere, write the months that correspond to the following seasons in Argentina.

1. invierno: _____, _____, _____

2. primavera: _____, _____, _____

3. otoño: _____, _____, _____

4. verano: _____, _____, _____

F. Subject pronouns How do you and your friends refer to yourselves and others? Complete the following sentences, using Spanish subject pronouns.

MODELO: You refer to your teachers as . . .
You refer to your teachers as _ellos_.

1. You speak to your best friend and call him _____.

2. You refer to María as _____.

3. You address your teacher as _____.

4. You refer to your parents and yourself as _____.

5.   Nora and Marisol refer to themselves as _____.

6.   You refer to your friends as _____.

7.   You refer to Mr. Hidalgo as _____.

8.   You speak to your classmates as a group and call them _____.

9.   You talk about yourself and say _____.

G. Present indicative of *ser* You work for the school paper and are interviewing a Mexican American student about herself and her friends. Complete the interview, using the correct forms of the verb **ser**.

—¿De dónde _____ tú?

—Yo _____ de Arizona.

—¿Y Fernando Monteros?

—Él _____ de Arizona también (*also*).

—¿Ustedes _____ de Phoenix?

—No, nosotros _____ de Tucson.

—¿Y Anabel y Sara?

—Ellas _____ de California.

H. Situaciones You find yourself in the following situations. What do you say?

1.   You thank someone for a favor and then say good-bye.

_____

2.   You greet Miss Rojas in the afternoon and ask how it's going for her.

_____

3.   You are saying good-bye to your friend, whom you will see tomorrow. You ask him to say hello to Gustavo.

_____

4.   You ask a girl you just met where she is from.

_____

5.   You tell a classmate you'll see each other on Monday.

_____

6.   You say that nothing has happened to someone who wants to know what's new with you.

_____

I. Crucigrama

Horizontal

2. sobrenombre de **José**
4. viernes, sábado, _____
5. ¡_____ cumpleaños!
6. signo del zodíaco
8. septiembre, octubre, _____
9. ¿Cuál es tu _____ de teléfono?
11. martes, miércoles, _____
14. dieciséis más catorce
15. ella y él
16. los colores de la bandera (*flag*) americana: rojo, blanco y _____
18. tú y yo
20. mamá
21. diminutivo de **Carlos**
22. papá
24. saludos y _____

Vertical

1. rojo y amarillo
3. otoño, invierno, _____
7. trece más dos
10. Ella es _____; es de Guadalajara.
12. usted y él
13. j
17. Harvard o Yale
19. Marta y yo _____ de México.
23. nueve más once

4 Lección 1, Workbook Activities

J. ¿Qué pasa aquí? (*What's happening here?*) Look at the illustrations and answer the following questions about them.

1.   ¿Cómo se llama el señor?

   _____

2.   ¿Cómo se llama la señorita?

   _____

3.   ¿Julián es estudiante?

   _____

4.   ¿El profesor Nieto es mexicano o colombiano?

   _____

5.   ¿Hay una fiesta hoy?

   _____

6.   ¿.Qué fecha es hoy?

   _____

7.   ¿Graciela Calderón es profesora o estudiante?

   _____

8.   ¿De qué parte de California es la doctora Calderón?

   _____

Panorama hispánico

Complete the following chart.

Los mexicoamericanos

Campos en los que se destacan muchos mexicoamericanos: _____,

_____, _____ y _____

Nombre de una famosa escritora mexicoamericana: _____

Mural de Diego Rivera: _____

Mural de Leo Tanguma: _____

Laboratory Activities

Diálogos

Un día con María Inés Listen to the dialogues twice, paying close attention to the speakers' intonation and pronunciation patterns. First, listen to the entire dialogue; then, as you listen for a second time, pause the recording after each sentence and repeat after the speaker.

En la clase

MARÍA INÉS	Buenos días. Usted es el Dr. Trujillo, ¿verdad?
DR. TRUJILLO	Sí, señorita. Y usted, ¿cómo se llama?
MARÍA INÉS	Me llamo María Inés Hidalgo.
DR. TRUJILLO	Mucho gusto, señorita Hidalgo.
MARÍA INÉS	El gusto es mío, profesor.
DR. TRUJILLO	Tome asiento, por favor.
MARÍA INÉS	Gracias.

En la cafetería

MARÍA INÉS	Buenas tardes, señora. ¿Cómo está usted?
SEÑORA	Muy bien, gracias. ¿Y tú, María Inés?
MARÍA INÉS	Bien, gracias. Bueno, hasta mañana.
SEÑORA	Hasta mañana. Saludos a Teresa.
MARÍA INÉS	Gracias.
MARÍA INÉS	Hola. ¿Cómo están?
RODOLFO	Bien. ¿Qué hay de nuevo?
MARÍA INÉS	Nada. Bueno... no mucho...
RODOLFO	María Inés: mi amigo Sergio.
MARÍA INÉS	Encantada, Sergio.
SERGIO	Igualmente. ¿De dónde eres, María Inés?
MARÍA INÉS	Yo soy de Los Ángeles, pero mi mamá es mexicana y mi papá es de Tejas. Oye, Rodolfo, ¿cuál es tu número de teléfono?
RODOLFO	Tres-ocho-seis-nueve-cuatro-siete-dos.
MARÍA INÉS	Gracias. Bueno, nos vemos el lunes, Rodolfo. Adiós, Sergio.
RODOLFO Y SERGIO	Adiós.

En el parque

MARÍA INÉS	¡Hola! ¿Cómo te llamas?
CARLITOS	Carlitos
MARÍA INÉS	Yo me llamo María Inés. Oye... ¿hay una fiesta hoy?
CARLITOS	Sí... es mi cumpleaños...
MARÍA INÉS	¡Feliz cumpleaños, Carlitos!
CARLITOS	Gracias.

En una fiesta

MARÍA INÉS Buenas noches, señor Paz. ¿Cómo le va?

SR. PAZ Muy bien, gracias. Señorita, ¿de dónde es usted?

MARÍA INÉS Yo soy de Los Ángeles. Y ustedes, ¿de dónde son?

SR. PAZ Nosotros somos de Arizona. Usted es estudiante, ¿verdad?

MARÍA INÉS Sí, soy estudiante de la Universidad de California.

A. Preguntas y respuestas (*Questions and answers*) You will now hear questions about the dialogues. Answer each one, omitting the subject. The speaker will confirm your response. Repeat the correct response.

B. Situaciones (*Situations*) The speaker will present several situations based on the dialogues. Respond appropriately in Spanish to each situation. The speaker will confirm your response. Repeat the correct response. Follow the model.

> MODELO: You ask your professor where he or she is from.
> **¿De dónde es usted?**

Pronunciación (*Pronunciation*)

A. *The sound of the Spanish* ***a***

- Repeat the words in each pair after the speakers, imitating their pronunciation.

English	Spanish
alpaca	alpaca
banana	banana
cargo	cargo
canal	canal

- Repeat each word, imitating the speaker's pronunciation.

Ana	Ágata
Marta	sábado
llamas	mayo
analista	hasta mañana

- When you hear the number, read the corresponding sentence aloud. Then listen to the speaker and repeat the sentence.

1. Hasta mañana, Ana.
2. La mamá trabaja.
3. Panamá gana fama.

B. *The sound of the Spanish* ***e***

- Repeat the words in each pair after the speakers, imitating their pronunciation.

English	Spanish
mesa	mesa
preposition	preposición
adobe	adobe
Los Angeles	Los Ángeles

- Repeat each word, imitating the speaker's pronunciation.

qué   usted
enero   Pepe
Ester   teléfono
secretaria   Teresa

- When you hear the number, read the corresponding sentence aloud. Then listen to the speaker and repeat the sentence.
  1. /Te besé y te dejé./
  2. /Mereces que te peguen./

Estructuras

A. The alphabet First, read the name and then spell it. The speaker will confirm your response. Repeat the correct response.

> MODELO: Olga
> **o-ele-ge-a**

1. Elena
2. Úrsula
3. Beatriz
4. Gustavo
5. Camila

B. Colors The speaker will name several familiar objects. State the color or colors of each object in Spanish. The speaker will confirm your response. Repeat the correct response. Follow the model.

> MODELO: a violet
> **morado**

C. Days of the week The speaker will name days of the week. State the day that precedes each day given. The speaker will confirm your response. Repeat the correct response. Follow the model.

> MODELO: martes
> **lunes**

D. Months of the year The speaker will name a month. Give the month that follows. The speaker will confirm your response. Repeat the correct response. Follow the model.

> MODELO: noviembre
> **diciembre**

E. Present indicative of *ser* You will hear some questions. Answer them, using the cues provided and omitting the subject. The speaker will confirm your response. Repeat the correct response. Follow the model.

> MODELO: ¿De dónde es Carlos? (Arizona)
> **Es de Arizona.**

Más práctica (*More practice*)

A. Dibujos (*Drawings*) You will hear three statements about each drawing. Choose the letter of the statement that best corresponds to the drawing. The speaker will verify your response.

1.

a   b   c

2.

a   b   c

3.

a   b   c

4.

a   b   c

5.

a   b   c

B. Un diálogo breve (*A short dialogue*) Before listening to the dialogue in this section, study the comprehension questions below. Reviewing the questions ahead of time will help you to remember key information as you listen. Then listen carefully to the dialogue and answer each question, omitting the subject. The speaker will confirm your response. Repeat the correct answer.

1. ¿La señorita Acosta se llama Isabel o Inés?
2. ¿La señorita Acosta es de Colorado o de México?
3. ¿El Sr. Gómez es de Tejas o de California?
4. ¿La señorita Acosta es profesora o estudiante?
5. ¿La señorita Acosta es estudiante de la Universidad de Arizona o de la Universidad de California?

C. Para contestar (*To answer*) Answer the speaker's questions, using the cues provided. The speaker will confirm your answers. Repeat the correct response.

1. (California)
2. (San Diego)
3. (San Francisco)
4. (Santa Bárbara)
5. (sí)

6. (martes)
7. (el 2 de mayo)
8. (sí)
9. (el 12 de julio)
10. (Cáncer)

D. Tome nota (*Take note*) You will hear someone interviewing a woman. First listen carefully for general comprehension. Then, as you listen for a second time, fill in the information requested.

ENTREVISTA

Nombre: _____

Ciudad: _____ País:° _____   *country*

Profesión: _____

E. Dictado (*Dictation*): **Números cardinales 0–30** The speaker will say some numbers. Write each one in words in the space provided. Each number will be read twice.

1. _____
2. _____
3. _____
4. _____
5. _____

6. _____
7. _____
8. _____
9. _____
10. _____

F. Dictado: Oraciones (*Sentences*) The speaker will read six sentences. Each sentence will be read twice. After the first reading, write what you heard. After the second reading, check your work and fill in what you missed.

1. _____
2. _____
3. _____
4. _____
5. _____
6. _____

Workbook Activities

Estructuras

A. Indefinite articles These are the things that the professor needs for his class. Write the corresponding indefinite article before each noun.

1. _____ borrador

2. _____ reloj

3. _____ libro

4. _____ marcadores

5. _____ mapa

6. _____ papeles

7. _____ pupitres

8. _____ pizarra

9. _____ plumas rojas

10. _____ mochila

B. Definite articles I These are some things that you might see in an office. Write the corresponding definite article before each noun.

1. _____ ventanas

2. _____ puerta

3. _____ luz

4. _____ reloj

5. _____ mujeres

6. _____ paredes

7. _____ sillas

8. _____ escritorio

9. _____ hombres

10. _____ libros

C. Definite articles II These are statements heard in a Social Studies class. Place **el, la, los,** or **las** before each noun.

1. Necesitamos hablar de _____ problemas de _____ ciudades

   norteamericanas. ¿Cuáles son _____ soluciones?

2. _____ sistema de gobierno de _____ Estados Unidos es una democracia.

   _____ libertad es muy importante en este país.

3. Muchas personas critican _____ programas de _____ televisión

   norteamericana.

4. _____ idioma español es muy importante en California y en Tejas.

D. Cardinal numbers 31–100 It's inventory time. In Spanish, write how many there are of each item using **hay**.

1. 44 erasers: _____

2. 98 pencils: _____

3. 75 notebooks: _____

4. 100 pens: _____

5. 53 maps: _____

6. 82 chairs: _____

7. 66 books: _____

8. 43 blackboards: _____

9. 38 clocks: _____

10. 96 student desks: _____

E. Telling time In a bilingual program, children are learning to tell time. Complete the following chart to express the times given.

English	es/son	la/las	hora	y/menos	minutos
It is one o'clock.	Es	la	una.		
It is a quarter after four.	Son	las	cuatro	y	cuarto.
1. It is ten to seven.				menos	diez.
2. It is twenty after six.		las			
3. It is one-thirty.					media.
4. It is five to ten.			diez		
5. It is a quarter to two.				menos	
6. It is twenty-five to eight.			ocho		
7. It is nine o'clock.	Son				

F. Telling time / Days of the week Look at this class schedule and write the time and days of the week each class is held. Follow the model.

MODELO: educación física

La clase de educación física es los martes y jueves a las cinco.

HORA	LUNES	MARTES	MIÉRCOLES	JUEVES	VIERNES	SÁBADO
8:00–9:00	Psicología		Psicología		Psicología	
9:00–10:00	Biología		Biología		Biología	Tenis
10:00–11:30		Historia		Historia		
12:15–1:00			ALMUERZO			
1:00–2:00	Literatura		Literatura		Literatura	Laboratorio de biología
5:00–6:30		Educación física		Educación física		
7:00–8:30	Danza aeróbica		Danza aeróbica			

1. psicología _____

_____

2. biología _____

_____

3. historia _____

_____

4. literatura _____

_____

5. educación física _____

_____

6. danza aeróbica _____

_____

G. Present indicative of regular -ar verbs I Match each verb with its corresponding subject pronoun.

1. yo _____   a. estudiamos

2. ustedes _____   b. llama

3. nosotros _____   c. trabajan

4. ella _____   d. hablas

5. tú _____   e. regreso

H. Present indicative of regular -ar verbs II The students are talking while waiting for the instructor. What are they saying? Complete the following exchanges, using the verbs in the list. The numbers in parentheses indicate how many times each verb should be used.

estudiar (1)   necesitar (2)   tomar (2)
regresar (3)   desear (2)   trabajar (2)

1. MARISOL —¿Cuántas clases _____ tú, Pablo?

   PABLO —Yo _____ cinco clases.

   MARISOL —¿Tú _____ en el hospital San Marcos?

   PABLO —Sí, _____ por la noche y por la tarde

   _____.

2. RAQUEL —¿A qué hora _____ ustedes a casa (home)?

   JULIO —Nosotros _____ a las dos y media. ¿A qué hora

   _____ Jaime?

   RAQUEL —A la una.

3. ANA —¿Qué _____ usted, señora?

   SEÑORA —Yo _____ un bolígrafo.

4. ROBERTO —¿Tú _____ hablar con el profesor?

   DANIEL —No, yo _____ hablar con la secretaria.

I. Possession with *de* What do we know about these people? Practice possession with **de** by forming sentences with the elements given. Follow the model.

MODELO: Mario / maestra / ser / Colombia
La maestra de Mario es de Colombia.

1.   la Sra. Gómez / necesitar / dirección / Marta

_____

2.   Ana / trabajar / con profesora / Julio

_____

3.   la Dra. Soto / estudiantes / regresar / a las cuatro

_____

4.   la Sra. Juárez / secretaria / no trabajar / hoy

_____

5.   yo / necesitar / Sergio / número de teléfono

_____

J. Situaciones You find yourself in the following situations. What do you say?

1.   You tell a friend what time your Spanish class is. Then ask him or her what time it is.

_____

_____

2.   You want to know whether your friend studies in the morning or in the afternoon.

_____

3.   You ask a friend if he or she wants to study with you, and suggest a day and time and the place.

_____

4.   Your friend Carlos is taking English. You ask him whether English is easy or difficult and give him advice on what he must do to learn.

_____

K. Crucigrama

Horizontal

2. dirección
3. opuesto (*opposite*) de **fácil**
4. tipo de pluma
6. ¿Qué _____ es? ¿la una?
7. chica
10. Ella es _____; es de California.
13. platicar
14. ¿Cómo se dice *backpack*?

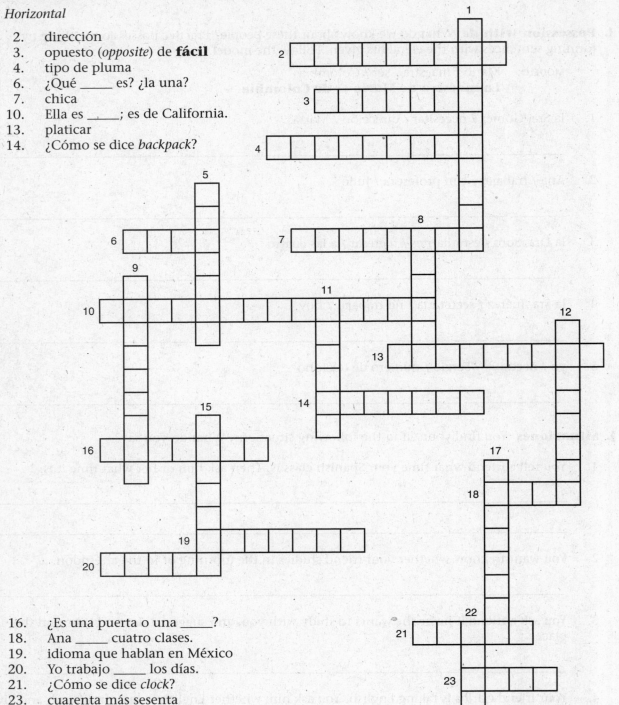

16. ¿Es una puerta o una _____?
18. Ana _____ cuatro clases.
19. idioma que hablan en México
20. Yo trabajo _____ los días.
21. ¿Cómo se dice *clock*?
23. cuarenta más sesenta
24. cincuenta más veinte

Vertical

1. Estudiamos aquí.
5. idioma que hablan en París
8. hombre de La Habana
9. idioma que hablan en Brasil
11. lengua
12. Necesito una _____ de anuncios.
15. Necesitamos un cesto de _____.
17. idioma que hablan en Roma
22. ¿Cómo se dice *lights*?

L. ¿Qué pasa aquí? Look at the illustration and choose **V** for **verdadero** (*true*) or **F** for **falso** (*false*) in response to the following statements.

1.	Es una clase de matemáticas.	V	F
2.	El profesor Dumont es profesor de historia.	V	F
3.	Hay quince estudiantes en la clase.	V	F
4.	Hay 30 pupitres.	V	F
5.	Hay un reloj en la pared.	V	F
6.	La clase de francés es a las dos.	V	F
7.	Son las doce y cinco.	V	F
8.	Hay una ventana en la clase.	V	F
9.	Hay una puerta en la clase.	V	F
10.	Hay un mapa de México en la clase.	V	F
11.	Hay un libro en el escritorio.	V	F
12.	Hay cuatro lápices en el escritorio.	V	F

Complete the following chart.

Los cubanoamericanos

Número de cubanos que viven en Miami: _____

Porcentaje de hispanos de origen cubano: _____

Nombres de dos políticos importantes de origen cubano: _____ y _____

Nombres de dos cubanos famosos en la música: _____ y _____

Artistas de origen cubano que se destacan en el cine: _____, _____ y

_____

Famoso barrio cubano en Miami: _____

Laboratory Activities

Diálogos

El primer día de clases Listen to the dialogues twice, paying close attention to the speakers' intonation and pronunciation patterns. First, listen to the entire dialogue; then, as you listen for a second time, pause the recording after each sentence and repeat after the speaker.

Gloria, una chica cubanoamericana, habla con un muchacho de El Salvador.

GLORIA	¿Qué hora es?
JULIO	Son las diez y cuarto. ¿A qué hora es la clase de inglés?
GLORIA	A las diez y media. ¡Caramba! ¡Es tarde! Oye, Julio, ¿Olga y tú estudian en la biblioteca esta noche?
JULIO	No, yo trabajo en el hospital por la noche. Olga estudia con José Luis.
GLORIA	¡Pero chico! Tú trabajas por la tarde también. ¡Y tomas cinco clases! ¿Cuándo estudias?
JULIO	Los sábados y los domingos.
GLORIA	¡Necesitas más tiempo para estudiar!
JULIO	Sí, y también necesito más dinero. Oye, ¿deseas estudiar conmigo el sábado por la mañana?
GLORIA	¡Sí! ¿Estudiamos en mi casa? Y por la tarde vamos a la Calle Ocho.
JULIO	Buena idea. ¿Cuál es tu dirección?
GLORIA	Calle Quinta, número 120. Y mi número de teléfono es 3-54-67-98.
JULIO	(*Anota la dirección y el número de teléfono de Gloria*) ¡Perfecto! Nos vemos el sábado.

Por la tarde, Gloria conversa con una chica norteamericana.

SANDRA	Oye, Gloria, ¿cómo se dice "*backpack*" en español?
GLORIA	Se dice "mochila".
SANDRA	Gracias. El español es un idioma difícil.
GLORIA	No, Sandra. ¡Es fácil! Pero necesitas practicar todos los días.
SANDRA	¿Tú hablas otros idiomas?
GLORIA	Sí, hablo francés y un poco de portugués. ¿Y tú?
SANDRA	Yo hablo italiano.
GLORIA	¿En serio?
SANDRA	¡Sí! Pizza... ravioles.
GLORIA	¡Ay, chica! ¡En ese caso yo hablo chino!

A. Preguntas y respuestas You will now hear questions about the dialogues. Answer each one, omitting the subject. The speaker will confirm your response. Repeat the correct response.

B. Situaciones The speaker will present several situations based on the dialogues. Respond appropriately in Spanish to each situation. The speaker will confirm your response. Repeat the correct response. Follow the model.

> MODELO: You ask how to say "chair" in Spanish.
> **¿Cómo se dice "*chair*" en español?**

Pronunciación

A. *The sound of the Spanish* **i**

- Repeat the words in each pair, imitating the speaker's pronunciation.

English	*Spanish*
director	director
diversion	diversión
Lidia	Lidia
inspector	inspector
tropical	tropical

- Repeat each word, imitating the speaker's pronunciation.

sí	días	necesitar
dice	cinco	hospital
inglés	dirección	domicilio

- When you hear the number, read the corresponding sentence aloud. Then listen to the speaker and repeat the sentence.
  1. Fifí mira a Rin-Tin-Tín.
  2. Mimí dice que es difícil vivir aquí.

B. *The sound of the Spanish* **o**

- Repeat the words in each pair, imitating the speaker's pronunciation.

English	*Spanish*
noble	noble
no	no
opinion	opinión
Colorado	Colorado

- Repeat each word, imitating the speaker's pronunciation.

no	Mario	noche
como	once	ocho
poco	número	teléfono

- When you hear the number, read the corresponding sentence aloud. Then listen to the speaker and repeat the sentence.
  1. Yo como pollo con Rodolfo.
  2. Lolo compró los loros.

C. *The sound of the Spanish* **u**

- Repeat the words in each pair, imitating the speaker's pronunciation.

English	*Spanish*
universal	universal
club	club
Hugo	Hugo
humor	humor
Uruguay	Uruguay

- Repeat each word, imitating the speaker's pronunciation.

  estudiar   puerta
  usted   luz
  Susana   universidad
  mucho   gusto

- When you hear the number, read the corresponding sentence aloud. Then listen to the speaker and repeat the sentence.
  1. Las universidades uruguayas están en las urbes.
  2. Úrsula usa uniforme únicamente en el club.

Estructuras

A. Definite and indefinite articles You will hear several singular nouns, each preceded by a definite or an indefinite article. Make the nouns and the articles plural. The speaker will confirm your response. Repeat the correct response. Follow the model.

> **MODELO:** el alumno
> **los alumnos**

B. Telling time Your friend's watch is always running ten minutes behind. Correct him when he says what time it is. The speaker will confirm your response. Repeat the correct response. Follow the model.

> **MODELO:** Son las seis.
> **No, son las seis y diez.**

C. Negative sentences Give a negative response to each question you hear. Include the subject in your answer. The speaker will confirm your response. Repeat the correct response. Follow the model.

> **MODELO:** ¿Uds. trabajan en el hospital?
> **No, nosotros no trabajamos en el hospital.**

D. Possession with *de* Answer the following questions to indicate ownership, using the cues. The speaker will confirm your response. Repeat the correct response. Follow the model.

> **MODELO:** ¿Es el lápiz de Rosa? (María)
> **No, es el lápiz de María.**

1. (Carlos)
2. (la profesora)
3. (Elisa)
4. (Irene)
5. (Rodolfo)

A. Dibujos (*Drawings*) You will hear three statements about each drawing. Choose the letter of the statement that best corresponds to the drawing. The speaker will verify your response.

1.

a   b   c

2. OSCAR — HAMLET by William Shakespeare

a   b   c

3. FERNANDO

a   b   c

4.

a   b   c

5. Luis

a   b   c

SOFÍA

B. Una narración breve Before listening to the narration in this section, study the comprehension questions below. Reviewing the questions ahead of time will help you to remember key information as you listen. Then listen carefully to the narration and answer each question, omitting the subject. The speaker will confirm your response. Repeat the correct answer.

1. ¿Daniel es cubanoamericano o mexicoamericano?
2. ¿Daniel estudia en una universidad de Los Ángeles o estudia en una universidad de Miami?
3. ¿Daniel toma clases por la mañana o por la noche?
4. ¿Daniel trabaja en un hospital o en la biblioteca?
5. ¿Daniel estudia por la tarde o por la noche?
6. ¿Daniel habla un idioma o tres idiomas?

C. Para contestar Answer the speaker's questions, using the cues provided. The speaker will confirm your answers. Repeat the correct response.

1. (las ocho)
2. (la mañana)
3. (la biblioteca)
4. (no)
5. (cinco)
6. (el sábado)
7. (difícil)
8. (no)
9. (sí)
10. (una computadora)

D. Tome nota You will hear two people talking. First listen carefully for general comprehension. Then, as you listen for a second time, fill in the information requested.

Nombre del profesor: _____

Nombre de la estudiante: _____

Día: _____

Hora: _____

Número de estudiantes: _____

E. Dictado: Números cardinales 31–100 The speaker will read some numbers. Write each one in the space provided. Each number will be read twice.

1. _____ 6. _____

2. _____ 7. _____

3. _____ 8. _____

4. _____ 9. _____

5. _____ 10. _____

25

F. Dictado: Oraciones The speaker will read six sentences or phrases. Each sentence will be read twice. After the first reading, write what you heard. After the second reading, check your work and fill in what you missed.

1. _____

2. _____

3. _____

4. _____

5. _____

6. _____

Hasta ahora... Una prueba (*So far . . . A quiz*)

You have finished **Lecciones 1** and **2**. How much have you learned so far about structure and vocabulary?

A. Complete the following exchanges, using the present indicative of the verbs given.

1. —¿De dónde _____ ustedes? (ser)

   —Nosotros _____ de California, pero _____ español.

   (ser / hablar)

2. —¿El doctor Fuentes _____ profesor de español? (ser)

   —Sí, _____ en la Universidad de California. También

   _____ francés. (trabajar / hablar)

3. —¿Tú _____ estudiante? (ser)

   —Sí, _____ en la Universidad de Arizona. (estudiar)

4. —¿A qué hora _____ ustedes? (regresar)

   —Yo _____ a la una y Rosa _____ a las dos.

   (regresar / regresar)

5. —¿De dónde _____ usted, señorita? (ser)

   —Yo _____ de Tejas. (ser)

6. —¿Cuántas clases _____ tú? (tomar)

   —Dos, pero _____ tomar dos más (*more*). (desear)

B. How much does everybody need? Indicate this, by using the verb **necesitar** appropriately and writing the numbers in Spanish. (Hint: dollars: **dólares**)

1. Fernando / 15

   _____

2. yo / 98

   _____

3. Eva y Mario / 79

   _____

4. tú / 45

_____

5. Sergio y yo / 64

_____

6. ustedes / 53

_____

7. Marisol / 100

_____

8. usted / 32

_____

9. las chicas / 86

_____

10. nosotras / 27

_____

C. Arrange the following words and phrases in groups of three, according to categories. Examples of categories: greeting questions, courtesy phrases, writing instruments, etc.

Mucho gusto.	platicar	dirección	Hasta mañana	amarillo
tablilla de anuncios	día	lengua	bolígrafo	negro
muchacho	pizarra	¿Qué tal?	blanco	martes
Muchas gracias.	Nos vemos.	hablar	domicilio	gris
El gusto es mío.	francés	jueves	calle	lápiz
¿Cómo estás?	Encantada	despedida	azul	chico
Muy amable.	conversar	pluma	idioma	amigo
¿Cómo te va?	De nada.	mapa	verde	

1. _____   _____   _____

2. _____   _____   _____

3. _____   _____   _____

4. _____   _____   _____

5. _____   _____   _____

6. _____   _____   _____

7. _____   _____   _____

8. _____   _____   _____

9. _____   _____   _____

10. _____   _____   _____

11. _____   _____   _____

12. _____   _____   _____

13. _____   _____   _____

Name _____ Section _____ Date _____

Un paso más (*A step further*)

A. Taking into account this student's class schedule, answer the questions that follow.

Horario de clases

Nombre del estudiante _____*Marcel Dubois*_____

hora	lunes	martes	miércoles	jueves	viernes	sábado	aula[1]
7 – 8							
8 – 9	*Español*	*Español*	*Español*	*Español*			*115*
9 – 10	*Física*		*Física*		*Física*	*Tenis*	*223*
10 – 11	*Sociología*		*Sociología*		*Sociología*		*180*
11 – 12	*Geología*		*Geología*		*Geología*		*210*
1 – 2							
2 – 3							

Consejero[2] _____*David Saldívar*_____

[1]*classroom*   [2]*adviser*

1. ¿De dónde es Marcel probablemente (*probably*): de París o de Madrid?

   _____

2. ¿Marcel toma clases de siete a ocho?

   _____

3. ¿Qué idioma estudia Marcel?

   _____

4. De nueve a diez, ¿Marcel habla de Isaac Newton o de Freud en su (*his*) clase?

   _____

5. ¿Qué clase toma Marcel los lunes, miércoles y viernes de diez a once?

_____

6. ¿Hasta (*Until*) qué hora toma clases Marcel?

_____

7. ¿Cuántas clases toma Marcel los martes y jueves?

_____

8. ¿Qué días juega (*plays*) Marcel al tenis?

_____

9. ¿Marcel toma clases por la tarde?

_____

10. ¿En qué aula es la clase de español?

_____

11. ¿La clase de sociología es en el aula 190?

_____

12. ¿Quién es David Saldívar?

_____

B. Combine the vocabulary and the structure learned in **Lecciones 1** and **2** to give information about yourself. Include name, origin, address and phone number, classes, schedule, work, study habits, things needed, etc. Write at least ten statements.

Lección **3**

Workbook Activities

Estructuras

A. Possessive adjectives I We all need something. Indicate this by adding the corresponding possessive adjectives, according to each subject.

1. Yo necesito _____ computadora y _____ cuadernos. Carlos necesita _____ libro de francés y _____ bolígrafos. Tú necesitas _____ reloj y _____ lápices.

2. Elsa y yo necesitamos _____ mapas y _____ tablilla de anuncios. Ester y Aurora necesitan _____ escritorio y _____ mochilas.

B. Possessive adjectives II Answer the following questions with complete sentences, using the cues provided and the appropriate possessive adjectives. Follow the model.

MODELO: ¿Dónde trabaja la amiga de Alicia? (en el hospital)
Su amiga trabaja en el hospital.

1. ¿De dónde son tus amigos? (de Nueva York)

   _____

2. ¿De dónde es la profesora de ustedes? (de Puerto Rico)

   _____

3. ¿Dónde trabaja tu amiga? (en la universidad)

   _____

4. ¿Los amigos de ustedes son de México? (sí)

   _____

5. ¿Tú necesitas hablar con mi profesora? (no) (Use **Ud.** form for the possesive.)

   _____

6. ¿Elsa necesita mis libros? (sí) (Use **tú** form for the possesive)

   _____

C. Cardinal numbers 101–1,000 You are using checks to pay bills for the amounts shown below. Write each amount in Spanish.

1. 110 _____

2. 840 _____

3. 514 _____

4. 760 _____

5. 1.280 _____

6. 4.672 _____

7. 20.950 _____

D. Descriptive adjectives You are describing your classmates. Use the adjectives given appropriately, and add the corresponding definite or indefinite articles.

rubia	guapo	cubanos
puertorriqueñas	simpáticas	alto
bonitas	encantadores	delgada

1. _____ chicas _____ son _____ y muy _____.

2. Héctor es _____ muchacho _____ y _____.

3. _____ muchachos _____ son _____.

4. _____ novia de Ernesto es _____ chica _____ y _____.

E. Present indicative of regular -er and -ir verbs I Complete the following chart with the corresponding present indicative forms.

Infinitive	yo	tú	Ud., él, ella	nosotros	Uds., ellos, ellas
leer	*leo*	*lees*	*lee*	*leemos*	*leen*
1. comer	como			comemos	
2. creer		crees			creen
3. beber					
4. escribir		escribes		escribimos	
5. recibir	recibo		recibe		reciben
6. decidir					

F. Present indicative of regular *-er* and *-ir* verbs II These people are conversing in the cafeteria. What are they saying? Complete the following dialogues, using the verbs listed.

escribir   comer   vivir   aprender   leer

1. —¿Dónde _____ Uds.?

   —Nosotros _____ en la cafetería. ¿Y tú?

   —Yo _____ en mi casa.

2. —¿Ud. _____ libros en español?

   —No, yo _____ libros en inglés.

3. —¿En qué calle _____ Uds.?

   —Nosotros _____ en la calle Lima. ¿Dónde _____ tú?

   —Yo _____ en la avenida Juárez.

   —¿Y Teresa?

   —Ella _____ en la calle Colombia.

4. —¿En qué idioma _____ Uds.?

   —Yo _____ en español y John _____ en inglés.

5. —¿Tú _____ mucho en la clase?

   —No, yo no _____ mucho porque no estudio.

G. Present indicative of the irregular verbs *tener* and *venir* Use the correct forms of **tener** or **venir** to report about these students' activities.

1. Teresa no _____ los viernes porque no _____ clases.

2. Ana y yo _____ con César porque no _____ coche (*car*).

3. Yo _____ a las ocho menos cuarto porque _____ una clase a las ocho.

4. Los estudiantes _____ a las siete cuando _____ exámenes.

5. ¿Tú _____ clases los martes o _____ a la universidad solamente los lunes?

H. *Tener que* + infinitive Indicate what everybody has to do by using the present indicative of **tener + que** to complete the following sentences.

1. Yo _____ estudiar y mis amigos _____ trabajar.

2. Estela y yo _____ escribir un informe y Gustavo _____

   regresar a la biblioteca.

3. ¿Tú _____ venir a clase?

I. Situaciones You find yourself in the following situations. What do you say?

1. You answer the phone and the caller asks to speak with you. Respond.

   _____

2. You tell someone that you have to work because you need money.

   _____

3. Ask your friend if he/she wants something to drink.

   _____

4. You are giving directions to Adela's house and to Julio's house. Tell your friends that her house is located (*queda*) on Magnolia Street and his house is located on Washington Street.

   _____

   _____

5. You ask a friend if he wants to take Raquel and Olga to the party.

   _____

J. Crucigrama

Horizontal

1. Hoy es lunes; _____ es martes
6. Recibo mensajes _____.
9. linda
10. opuesto de **gordo**
12. Tengo mi _____ de conducir.
13. ocupación
14. ¿Vives en una casa o en un _____?
17. Mi _____ es García.
18. que acepta la realidad
21. anuncio
23. de Puerto Rico
25. Necesito su número de _____ social.
26. tomamos
27. Tengo un _____ parcial.

Vertical

2. opuesto de **bajo**
3. cortés
4. diario
5. No es morena; es _____.
7. Estudiamos a Shakespeare en la clase de _____.
8. opuesto de **feo**
11. opuesto de **pesimista**
15. opuesto de **simpático**
16. computadora
19. trabajo
20. Ella es mi _____ de cuarto.
22. ¿Es soltera o _____?
24. ¿Cuál es su _____ civil?

K. ¿Qué pasa aquí? Look at the illustrations and answer the following questions.

A. B. C.

A.

1. ¿Dónde conversan Oscar y Elba?

   _____

2. ¿Qué beben Oscar y Elba?

   _____

3. ¿Qué tiene que escribir Elba?

   _____

4. ¿Quién es la novia de Oscar?

   _____

B.

1. ¿Qué tiene Jorge en su escritorio?

   _____

2. ¿Qué recibe Jorge?

   _____

3. ¿De dónde viene el mensaje?

   _____

4. ¿Jorge tiene que estudiar literatura?

   _____

5. ¿Qué tiene que estudiar Jorge?

   _____

C. 1. ¿A quiénes (*Whom*) lleva la Sra. Vega a su casa?

_____

2. ¿Cuál es la dirección de la Sra. Vega?

_____

3. ¿Luz es rubia o morena?

_____

Para leer

La familia de Hilda López

La Sra. Hilda López Ramírez es de San Juan, pero ahora° vive en Nueva York.   *now*
Es enfermera° y trabaja en un hospital de Nueva Jersey. Sus padres son   *nurse*
médicos° y viven en Ponce, una ciudad de Puerto Rico.   *physicians*
    Julio, el esposo° de la Sra. López, es profesor. Ellos tienen tres hijos:°   *husband / children*
Eduardo, Irene y Teresa. Eduardo es rubio y muy alto. Las chicas son morenas
y muy bonitas. Los tres son muy inteligentes y muy simpáticos. Hablan inglés
y español. En la escuela,° leen y escriben en inglés.   *school*
    La familia vive en la ciudad de Nueva York, en la calle Quinta, número
quinientos treinta.

¡Conteste! Answer the following questions based on the reading.

1. ¿Hilda López es norteamericana?

_____

2. ¿De qué país (*country*) es ella?

_____

3. ¿Dónde vive ahora?

_____

4. ¿Cuál es la profesión de Hilda? ¿Cuál es la profesión de su esposo?

_____

5. ¿Dónde trabaja Hilda?

_____

6. ¿Cuál es la profesión de los padres de Hilda?

    _____

7. ¿Los padres de Hilda viven en San Juan?

    _____

8. ¿Cuántos hijos tienen Hilda y Julio? ¿Cómo son?

    _____

9. ¿Qué idiomas hablan los niños? ¿En qué idioma leen y escriben en la escuela?

    _____

10. ¿En qué ciudad vive la familia?

    _____

11. ¿Cuál es la dirección de la familia Ramírez?

    _____

Panorama hispánico

Complete the following chart.

Los puertorriqueños en los Estados Unidos

Número de personas de origen puertorriqueño en los Estados Unidos:

_____

Porcentaje de puertorriqueños que vive en Nueva York y Nueva Jersey: _____

Capital de Puerto Rico: _____

Congresistas de origen puertorriqueño: _____ y _____

Cantantes puertorriqueños: _____, _____ y _____

Dos actores puertorriqueños: _____ y _____

Famoso campeón de boxeo: _____

Laboratory Activities

Diálogos

Dos puertorriqueñas en Nueva York Listen to the dialogues twice, paying close attention to the speakers' intonation and pronunciation patterns. First, listen to the entire dialogue; then, as you listen for a second time, pause the recording after each sentence and repeat after the speaker.

Olga Carrera y su compañera de cuarto, Mariana Zayas, conversan en la sala de su apartamento mientras comen sándwiches y beben café. Las chicas viven en Nueva York, donde trabajan y asisten a la universidad de CUNY. Olga es morena, alta, bonita y muy inteligente. Mariana es baja, rubia y muy simpática.

MARIANA	Tengo que llenar la solicitud de empleo de la compañía Sandoval. Necesito ganar más dinero.
OLGA	Pero tú no tienes conocimiento de computadoras... y no tienes la experiencia necesaria...
MARIANA	¡Pero tengo problemas económicos! A ver... (*Lee el anuncio en el periódico.*) Debe hablar, leer y escribir portugués...
OLGA	Tú no hablas portugués.
MARIANA	Pero recibo mensajes electrónicos de mi amiga de Brasil... y no son en castellano.
OLGA	Oye, el teléfono...

Mariana contesta el teléfono. Es Rafael.

MARIANA	Hola.
RAFAEL	Hola. ¿Está Mariana?
MARIANA	Sí, con ella habla. ¿Rafael?
RAFAEL	Sí. ¿Cómo estás, Mariana?
MARIANA	Más o menos. ¿Qué hay de nuevo?
RAFAEL	No mucho. Oye, mañana tenemos el examen parcial en la clase de historia. Estudiamos esta noche?
MARIANA	Sí. ¿Por qué no vienes aquí, a mi apartamento?
RAFAEL	Buena idea. Nos vemos a las seis. Oye... ¿está Olga?
MARIANA	Sí, un momento. (*Llama a Olga.*) ¡Olga! ¡Tu novio!
OLGA	¿Qué tal, mi amor?
RAFAEL	Bien. Oye, mi vida... Mariana y yo tenemos que estudiar, pero después... ¿deseas beber algo en el café París?
OLGA	Bueno... tengo que escribir un informe para mi clase de literatura, pero... ¡acepto tu invitación! ¡Chau!
MARIANA	¡Ajá! ¡Con razón Rafael viene a estudiar conmigo!

Después de estudiar, Rafael lleva a Olga y a Mariana a tomar algo.

A. Preguntas y respuestas You will now hear questions about the dialogues. Answer each one, omitting the subject. The speaker will confirm your response. Repeat the correct response.

B. Situaciones The speaker will present several situations based on the dialogues. Respond appropriately in Spanish to each situation. The speaker will confirm your response. Repeat the correct response. Follow the model.

> MODELO: You ask if Carlos is at home.
> **¿Está Carlos?**

Pronunciación

Linking When you hear the number, read the corresponding sentence aloud. Then listen to the speaker and repeat the sentence.

1. Trabajan_y_asisten_a_la_universidad.
2. Lee_el_anuncio_en_el_periódico.
3. Tenemos_el_examen_en la clase de_historia.
4. Tengo que_escribir_un_informe.
5. Lleva_a_Olga_y_a_Mariana_a tomar_algo.

Estructuras

A. Possessive adjectives Answer each question you hear in the affirmative, using the appropriate possessive adjectives. The speaker will confirm your response. Repeat the correct response. Follow the model.

> MODELO: ¿Es tu amigo?
> **Sí, es mi amigo.**

B. Descriptive adjectives The speaker will read several phrases. Repeat each phrase, and then change each adjective according to the new cue. Make sure the adjectives agree with the nouns in gender and number. The speaker will confirm your response. Repeat the correct response. Follow the model.

> MODELO: el profesor español
> la profesora
> **la profesora española**
> los profesores
> **los profesores españoles**
> las profesoras
> **las profesoras españolas**

C. Present indicative of regular -er and -ir verbs Answer each question you hear in the negative, using the subject in your answer. The speaker will confirm your response. Repeat the correct response. Follow the model.

> MODELO: ¿Abres la puerta?
> **No, yo no abro la puerta.**

D. Present indicative of the irregular verbs *tener* and *venir* Answer each question you hear, using the cue provided. The speaker will confirm your response. Repeat the correct response. Follow the model.

> MODELO: ¿Quién viene hoy? (Carlos)
> **Carlos viene hoy.**

1. más tarde
2. Teresa
3. a las seis
4. sí

5. no
6. sí
7. Marisa
8. no

E. *Tener que* + infinitive Certain people are not doing what they are supposed to do. Say what they have to do. The speaker will confirm your response. Repeat the correct response. Follow the model.

> MODELO: Tú no estudias.
> **Tú tienes que estudiar.**

Más práctica

A. Dibujos (*Drawings*) You will hear three statements about each drawing. Choose the letter of the statement that best corresponds to the drawing. The speaker will verify your response.

1.

a   b   c

2.

a   b   c

3.

a   b   c

4.

Quique

a   b   c

5.

Lucy

a   b   c

B. Unos diálogos breves Before listening to the dialogues in this section, study the comprehension questions below. Reviewing the questions ahead of time will help you to remember key information as you listen. Then listen carefully to the dialogues and answer each question, omitting the subject. The speaker will confirm your response. Repeat the correct answer.

1. ¿Dónde come Rosa mañana?
2. ¿Tiene que estudiar?
3. ¿Está Carmen?
4. ¿A qué hora regresa?
5. ¿Alicia tiene conocimiento de computadoras?
6. ¿Alicia tiene experiencia?
7. ¿Alicia habla portugués?
8. ¿Qué no debe llenar Alicia?

C. Para contestar The speaker will ask you some questions. Answer each question, using the cue provided. The speaker will confirm your response. Repeat the correct response.

1. (sí)
2. (no, simpáticos)
3. (no, parcial)
4. (sí, todos los días)
5. (no)
6. (sí)
7. (realista)
8. (sí)
9. (soltero)
10. (Roberto)

D. Tome nota You will hear a brief telephone conversation. First listen carefully for general comprehension. Then, as you listen for a second time, fill in the information requested.

Compañía: _____

Mensaje telefónico para: _____

De parte de: _____

Hora: _____

Mensaje: _____

_____

E. Dictado: Números cardinales 101–1,000 The speaker will say some numbers. Write each one in the space provided. Each number will be read twice.

1. _____

2. _____

3. _____

4. _____

5. _____

6. _____

F. Dictado: Oraciones The speaker will read six sentences. Each sentence will be read twice. After the first reading, write what you heard. After the second reading, check your work and fill in what you missed.

1. _____

2. _____

3. _____

4. _____

5. _____

6. _____

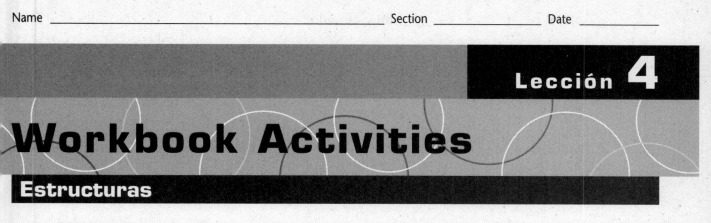

Lección **4**

Workbook Activities

Estructuras

A. Contractions Say what these people are doing by supplying *the definite article*, **de** + *the definite article*, or **a** + *the definite article*, as required.

1. Marta viene _____ universidad.

   _____ parque

   _____ hospital.

   _____ Ciudad de México.

2. Rodolfo lleva _____ señora.

   _____ primo de Mario.

   _____ profesor Soto.

   _____ novia de Pedro.

   _____ chicas.

   _____ Sr. Vargas.

   _____ muchachos.

3. Eva llama _____ Sr. Ortega.

   _____ Srta. Rojas.

   _____ muchachas.

   _____ profesor.

B. Present indicative of the irregular verbs *ir*, *dar*, and *estar* You and a friend are talking about Nora's party. Complete the dialogue, using the present indicative of **dar**, **estar**, and **ir** as appropriate.

1. —Nora _____ una fiesta en su casa hoy. ¿Tú _____?

   —Sí, _____ con Fernando.

   —¿Arturo y Sandra _____ también?

   —No, ellos _____ en Acapulco.

   —¿Tu hermano _____?

—No, él _____ muy cansado.

—Yo también _____ muy cansada.

—Ah, ¿tú _____ dinero para la fiesta?

—Sí, yo _____ cien dólares.

C. *Ir a* + **infinitive** We need to decide what we are going to do according to each circumstance. Using the verbs on the list, say what's going to happen.

ir   bailar   llevar   dar   invitar

1. Mañana es mi cumpleaños.

   Yo _____.

2. Los chicos están en una fiesta.

   Ellos _____.

3. Nuestros amigos desean venir a la fiesta.

   Nosotros _____.

4. Tú deseas escuchar (*listen*) música de Beethoven.

   Tú _____.

5. El hermano de Elsa desea ver (*to see*) animales.

   Elsa _____.

D. Present indicative of *e:ie* stem-changing verbs I Complete the following chart.

	Subject	Infinitive	Present Indicative
1.	Las chicas	preferir	
2.			entiendo
3.	Uds.	querer	
4.			cerramos
5.	Fernando	perder	
6.			empiezas
7.	Ud.	pensar	
8.			comenzamos

E. Present indicative of *e:ie* stem-changing verbs II Complete the following paragraph about Elena and her friends, using the verbs listed. Use each verb once.

entender	cerrar	querer	pensar	preferir	empezar

Elena no (1.) _____ ir a la fiesta de Teresa mañana;

(2.) _____ ir al club. Nosotros (3.) _____

ir a la fiesta con José Luis. La fiesta (4.) _____ a las nueve de

la noche.

Elena tiene una amiga que es de París y se llama Michèle. Las amigas de Elena no

(5.) _____ a Michèle porque ella no habla español. Esta noche

Elena y Michèle van a estudiar en la biblioteca hasta (*until*) las ocho y media. La biblioteca

(6.) _____ a las nueve.

F. Expressions with *tener* Two roommates are talking about how they and other people feel. Complete the following exchanges, using expressions with **tener**.

1. —¿Deseas comer un sándwich?

    —No, gracias, _____.

2. —¿_____, Aurora?

    —Sí, ¿hay refrescos en el refrigerador?

    —Sí, hay Coca-Cola.

3. —¿Tienes _____, Alicia?

    —Sí, necesito dormir (*to sleep*).

4. —¿Necesitas un suéter?

    —No, no _____.

5. —¿Por qué abre Elba la ventana?

    —Porque _____.

6. —¿_____, Teresa?

    —Sí, son las dos y veinte y yo tengo que estar en la universidad a las dos y media.

G. Situaciones You find yourself in the following situations. What do you say?

1. You ask a friend if he/she wants to go to a party with you. You tell him/her that you want to dance with him/her.

   _____

   _____

2. There's going to be a party. You are going to do the following:

   a. Prepare a lot of food.

   b. Take pictures.

   _____

   _____

3. There is a glass of water on the table. You ask a friend whether it's for you or for him or her.

   _____

4. You ask a little girl what her name is and how old she is.

   _____

5. You propose a toast and say "cheers".

   _____

   _____

H. Crucigrama

Horizontal

1. Hoy es sábado; _____ mañana es lunes.
4. cuarto
5. Voy a _____ muchas fotos.
8. En un baile nosotros _____.
10. El 25 de diciembre celebramos la _____.
12. Tomo agua porque tengo _____.
13. empezamos
16. Deseo un _____ de agua.
18. No voy al cine; _____ ir al teatro.
19. Tiene siete días.
21. Muchas personas están _____ a la fiesta.
23. El papá de mi mamá es mi _____.
24. Disneylandia es un parque de _____.

Vertical

2. Elsa _____ de llegar.
3. En el _____ hay muchos animales.
4. La hija de mi mamá es mi _____.
6. Hoy celebramos el año _____.
7. Raúl no quiere bailar porque está _____.
9. alegre
11. Ellos van a un _____ de fútbol.
14. enfadado
15. Elsa trabaja mucho. Está muy _____.
17. Ella tiene muchos problemas. Está muy _____.
19. El hijo de mi hermana es mi _____.
20. Van a comer porque tienen _____.
22. No es mi cumpleaños. Es mi _____.

I. ¿Qué pasa aquí? Look at the illustration and answer the following questions.

1. ¿Es una fiesta de Navidad?

   _____

2. ¿Es el cumpleaños de Pablo?

   _____

3. ¿Cuántos años tiene Armando?

   _____

4. ¿Quién da la fiesta?

   _____

5. ¿Carmen es la novia de Armando?

   _____

6. ¿Por qué no baila Hernán?

   _____

7. ¿Qué va a comer Hernán?

   _____

8. ¿Con quién baila Gabriela?

_____

9. ¿Con quién está Elsa?

_____

10. ¿Con qué brindan Elsa y Fernando?

_____

11. ¿Marcos tiene hambre o tiene sed?

_____

12. ¿Ud. cree que Ana y José son novios o que son hermanos?

_____

Panorama hispánico

Complete the following chart.

México
Población: _____
Área: _____
Capital: _____
Población de la capital: _____
Playas famosas: _____, _____ y _____
Ruinas arquitectónicas: _____, _____ y _____
Ciudad fundada por los aztecas en 1328: _____
La segunda ciudad más grande del país: _____
Otras ciudades importantes: _____ y _____
Pintores famosos: _____, _____, _____ y
_____

Laboratory Activities

Diálogos

Julia visita la Ciudad de México Listen to the dialogues twice, paying close attention to the speakers' intonation and pronunciation patterns. First, listen to the entire dialogue; then, as you listen for a second time, pause the recording after each sentence and repeat after the speaker.

Julia Lara, una chica mexicoamericana que vive en Colorado con su familia, visita México por primera vez. Acaba de llegar del aeropuerto con sus primos y ahora está en la casa de sus tíos, que están muy contentos con la llegada de la muchacha. Julia va a pasar la Navidad y el Año Nuevo con ellos.

DOÑA LUZ ¡Bienvenida, hijita! ¡Ay! ¡Dame un abrazo! ¿Cómo estás? ¿Y cómo está mi hermano... tu papá...? ¿Tienes hambre?

LUPITA ¡Mamá! ¡Una pregunta a la vez! ¡La pobre Julia está aturdida!

JULIA (*Abraza a su tía.*) Estoy bien, gracias, tía. Y su hermano... está bien, también. Y no tengo hambre, pero tengo mucha sed...

DOÑA LUZ (*A su hijo Mario*) Mario, una soda para tu prima.

JULIA Prefiero un vaso de agua, tía.

DON RODOLFO ¿Cómo estás, sobrina? ¿Qué tal el viaje?

JULIA Muy bien, tío. Estoy un poco cansada, pero estoy muy contenta de estar aquí con ustedes.

Por la noche, Julia está en el cuarto de Lupita. Las dos primas conversan.

LUPITA Mañana vamos a ir al parque de Chapultepec y por la noche vamos a ir al cine con unos amigos.

JULIA ¡Perfecto! También quiero ir a una tienda por la tarde. Oye, ¿qué vamos a hacer pasado mañana?

LUPITA Pasado mañana damos una fiesta aquí, en casa. Es el santo de mi abuelo.

JULIA Ah, sí don Gustavo.

LUPITA Sí, él vive con nosotros. Mamá va a preparar mucha comida y vamos a tener mariachis...

JULIA ¡Entonces quiero sacar muchas fotos! ¿Vamos a bailar?

LUPITA Sí. Muchos de nuestros amigos van a venir a la fiesta y van a querer bailar contigo.

JULIA ¿Cuántas personas están invitadas?

LUPITA Unas cincuenta... O más, porque muchos vecinos van a venir también.

JULIA ¿Y cuándo empiezan las posadas?

LUPITA La semana que viene. Este fin de semana pensamos ir a una discoteca de la Zona Rosa. Oye... es tarde.

JULIA Tienes razón. ¡Son las once! ¡Pero no tengo sueño! Quiero platicar un rato más.

A. Preguntas y respuestas You will now hear questions about the dialogue. Answer each one, omitting the subject. The speaker will confirm your response. Repeat the correct response.

B. Situaciones The speaker will present several situations based on the dialogue. Respond appropriately in Spanish to each situation. The speaker will confirm your response. Repeat the correct response. Follow the model.

MODELO: You ask a child if he is hot.
¿Tienes calor?

Pronunciación

A. *The sound of the Spanish* **b** *and* **v**

- Repeat each word, imitating the speaker's pronunciation.

veinte	bien
venir	baile
Viviana	bebida
Víctor	sobrina

- When you hear the number, read the corresponding sentence aloud. Then listen to the speaker and repeat the sentence.
    1. ¿Vas a Burgos para buscar a Viviana?
    2. Victoria baila con Vicente Barrios.
    3. En el verano, Bárbara va a Varsovia con Basilio.

B. *The sound of the Spanish* **d**

- Repeat each word, imitating the speaker's pronunciation.

delgado	universidad
de	sábado
debe	bebida
dos	adiós

- When you hear the number, read the corresponding sentence aloud. Then listen to the speaker and repeat the sentence.
    1. Dorotea mide dos yardas de seda.
    2. ¿Cuándo es la boda de Diana y Dionisio?
    3. ¿Por dónde anda Delia, doña Dora?

C. *The sound of the Spanish* **g** *(before* **a**, **o**, *or* **u**)

- Repeat each word, imitating the speaker's pronunciation.

delgado	Durango
guapo	gusto
gordo	Gabriel

- Repeat the following words.

amigo	hago
pregunta	llega
uruguaya	Hugo

- Repeat the following words.

Guevara	guitarra
Guillermo	guerra
alguien	

- When you hear the number, read the corresponding sentence aloud. Then listen to the speaker and repeat the sentence.
  1. Gustavo Guerrero ganó la guerra.
  2. El águila lanzó la daga en el agua.
  3. El gordo guardó la guitarra en el gabinete.

Estructuras

A. Pronouns as objects of prepositions Answer each of the following questions, using the second alternative given. The speaker will confirm your response. Repeat the correct response. Follow the model.

> **MODELO:** ¿Vas a ir con ellas o con nosotros?
> **Voy a ir con ustedes.**

1. (Luis)
2. (primas)
3. (amiga)

4. (profesora)
5. (cuadernos)

B. Contractions Answer each question you hear, using the cue provided. The speaker will confirm your response. Repeat the correct response. Follow the model.

> **MODELO:** ¿A quién llamas? (profesor Vega)
> **Llamo al profesor Vega.**

1. (doctor)
2. (club)
3. (señor López)

4. (novia de Luis)
5. (profesora)
6. (amigo de Juan)

C. Present indicative of the irregular verbs *ir*, *dar*, and *estar* You will hear several statements, each followed by a question. Answer each question, using the cue provided. The speaker will confirm your response. Repeat the correct response. Follow the model.

> **MODELO:** Luis va a la fiesta. ¿Y tú? (al baile)
> **Yo voy al baile.**

1. (con Raúl)
2. (con Carmen)
3. (el domingo)

4. (en Colorado)
5. (no)
6. (el domingo)

D. *Ir a* + infinitive You will hear some statements about what people do on different occasions. Using the cues provided, respond by saying what the new subjects are *going* to do. The speaker will confirm your response. Repeat the correct response. Follow the model.

> **MODELO:** Ana trabaja los lunes. (yo / los sábados)
> **Yo voy a trabajar los sábados.**

1. (nosotros / por la mañana)
2. (tú / los martes)
3. (Anita / el viernes)

4. (yo / a las seis)
5. (ellos / entremeses)

E. Present indicative of *e:ie* stem-changing verbs The speaker will ask several questions. Answer each one, using the cue provided. The speaker will confirm your response. Repeat the correct response. Follow the model.

> MODELO: ¿Adónde quieren ir ustedes? (a la universidad)
> **Queremos ir a la universidad.**

1. (a las siete)
2. (a las ocho)
3. (no, con Antonio)
4. (no, esta tarde)

5. (sí)
6. (a las diez)
7. (sí)

F. Expressions with *tener* Use expressions with **tener** to say how the people described in each statement feel, according to the situation. The speaker will confirm your response. Repeat the correct response. Follow the model.

> MODELO: I am in Alaska in January.
> **Yo tengo mucho frío.**

Más práctica

A. Dibujos (*Drawings*) You will hear three statements about each drawing. Choose the letter of the statement that best corresponds to the drawing. The speaker will verify your response.

1.
   a b c

2.
   a b c

3.
   a b c

4.
   a b c

5.
   a b c

B. Unos diálogos breves Before listening to the dialogues in this section, study the comprehension questions below. Reviewing the questions ahead of time will help you to remember key information as you listen. Then listen carefully to the dialogues and answer each question, omitting the subject. The speaker will confirm your response. Repeat the correct answer.

1. ¿Por qué no quiere comer Estela?
2. ¿Estela tiene sed?
3. ¿Qué prefiere tomar?
4. ¿Cuántos años tiene Marta?
5. ¿Qué celebra Marta hoy?
6. ¿Dónde va a dar Marta la fiesta?
7. ¿A qué hora empieza la fiesta?
8. ¿Jorge está invitado a la fiesta?
9. ¿Por qué quiere bailar Silvia?
10. ¿Qué va a abrir Silvia?

C. Para contestar Answer the questions you hear, using the cues provided. The speaker will confirm your answers. Repeat the correct answer.

1. (cine)
2. (la casa de mi familia)
3. (parque de diversiones)
4. (mi mamá)
5. (museo)
6. (mi vecino)
7. (ir a una discoteca)
8. (mi tía)
9. (sí, un rato)
10. (sí)

D. Tome nota You will hear a young man describe his birthday party. First listen carefully for general comprehension. Then, as you listen for a second time, fill in the information requested.

¡Es una fiesta de _____!

Para _____

Día _____

Hora _____

Lugar _____

E. Dictado The speaker will read six sentences. Each sentence will be read twice. After the first reading, write what you heard. After the second reading, check your work and fill in what you missed.

1. _____

2. _____

3. _____

4. _____

5. _____

6. _____

Hasta ahora... Una prueba

You have finished **Lecciones 3** and **4**. How much have you learned about structure and vocabulary?

A. Complete the following exchanges, using the present indicative of the verbs given.

1. —¿Dónde _____ (estar) tú ahora?

   —_____(Estar) en la casa de mi tía.

   —¿Tus padres _____ (venir) hoy?

   —No, porque no _____ (tener) tiempo.

   —¿Tú _____ (querer) ir a la fiesta de Ada?

   —Sí, (yo) _____ (ir) con Antonio. ¿Y tú?

   —Yo _____ (preferir) ir al cine.

2. —¿Dónde _____ (comer) ustedes?

   —Nosotros _____ (comer) en la cafetería y después

   _____ (ir) a la biblioteca.

   —¿A qué hora _____ (cerrar) ellos la biblioteca hoy?

   —A las diez. ¿Tú _____ (ir) esta noche?

   —Sí, _____ (ir) a las siete.

3. —¿Tú _____ (dar) fiestas los sábados?

   —No, yo _____ (dar) fiestas los viernes.

   —¿Dónde _____ (vivir) tú?

   —Yo _____ (vivir) en la calle Ocho.

   —¿Adónde _____ (pensar) ir tú y Carlos mañana?

   —_____ (Pensar) ir a la fiesta del club.

   —¿A qué hora _____ (empezar) la fiesta?

   —A las ocho.

B. Solve these arithmetic problems.

1. siete mil + cuatro mil + cien + cuatrocientos = _____

2. cuatrocientos mil + trescientos mil = _____

3. doscientos ochenta + trescientos veinte = _____

4. cuatrocientos cincuenta + cuatrocientos noventa = _____

5. setenta mil + treinta mil + ochocientos = _____

C. Complete the following exchanges, using the Spanish equivalent of the words in parentheses.

1. —Estela es _____. (*a very pretty girl*)

   Ella vive en _____. (*our house*)

   —¿Cuántos años tiene ella?

   —_____ años. (*She's nineteen*)

2. —¿Jorge está _____, Anita? (*with you*)

   —Sí, está _____. (*with me*)

   —¿Uds. _____ hoy? (*are going to study*)

   —Sí, con _____. (*Mr. Soto's son*)

3. —¿Tú visitas _____ los domingos?
   (*your parents*)

   —Sí, pero mañana ellos _____. (*are going to be busy*)

4. —¿_____ un vaso de agua, señorita?
   (*Do you want*)

   —Sí, por favor. _____. (*I'm very thirsty*)

   —¿Desea _____? (*to have something to eat*)

   —No, gracias. _____. (*I'm not hungry*)

D. Arrange these words and phrases in groups of three, according to categories.

tener sed	hija	nervioso	abuela	alegre	periódico	habitación
tener hambre	querer	primo	concierto	tomar	brindis	amable
comer algo	cine	empleo	animado	diario	mi amor	asistir
encantador	venir	bonita	salud	preferir	solicitud	enojado
pasado mañana	vino	frustrado	morena	en casa	pelirroja	mi vida
la semana que viene	leer	linda	trabajo	cortés	beber	abrazar
entusiasmado	ir	comida	desear	simpática	hermana	
este fin de semana	tío	rubia	sobrino	teatro	cuarto	

1. _____   _____   _____

2. _____   _____   _____

3. _____   _____   _____

4. _____   _____   _____

5. _____   _____   _____

6. _____   _____   _____

7. _____   _____   _____

8. _____   _____   _____

9. _____   _____   _____

10. _____   _____   _____

11. _____   _____   _____

12. _____   _____   _____

13. _____   _____   _____

14. _____   _____   _____

15. _____   _____   _____

16. _____   _____   _____

17. _____   _____   _____

18. _____   _____   _____

Un paso más

Octubre

lunes	martes	miércoles	jueves	viernes	sábado	domingo
1	2 *Conferencia Dra. Nieto*	3	4 *Discoteca 11:00*	5 *Concierto 8:30*	6	
7	8 *Examen de francés*	9	10 *Informe de sociología*	11	12 *Tenis Sergio 9:00*	13
14 *Examen de matemáticas*	15	16 *Tía Marta viene de Guanajuato*	17	18	19 *Fiesta de cumpleaños (Eva)*	20
21 *Llevar a Nora al aeropuerto*	22	23 *Examen de física*	24	25	26 *Picnic— Playa Preparar sándwiches*	27
28 *Examen de biología*	29	30 *Dentista 2:00*	31			

A. El mes de octubre en el calendario de Verónica Answer the questions below, according to what Verónica's calendar reflects.

1. ¿Cuántos exámenes tiene Verónica en octubre?

   _____

2. ¿En qué fecha da la Dra. Nieto una conferencia?

   _____

3. ¿Dónde va a ser el picnic?

   _____

4. ¿Qué tiene que preparar Verónica para el picnic?

_____

5. ¿De dónde viene la tía de Verónica?

_____

6. ¿Quién celebra su cumpleaños este mes?

_____

7. ¿Da una fiesta?

_____

8. ¿A qué hora es el concierto?

_____

9. ¿Para qué clase tiene que escribir Verónica un informe?

_____

10. ¿Verónica piensa ir a la discoteca el sábado?

_____

11. ¿Con quién va a jugar (*play*) al tenis?

_____

12. ¿Qué idioma estudia Verónica?

_____

13. ¿Adónde tiene que ir Verónica el 30 de octubre?

_____

14. ¿A qué hora tiene que estar en el consultorio (*office*) del dentista?

_____

15. ¿A quién tiene que llevar Verónica al aeropuerto?

_____

B. Two Mexican students are coming to your city and are staying for a week. On a separate sheet of paper, prepare a list of all the places they are going to see, the people they are going to meet (**conocer**), and the activities you will organize for them. Make sure they have a wonderful time. Give details!

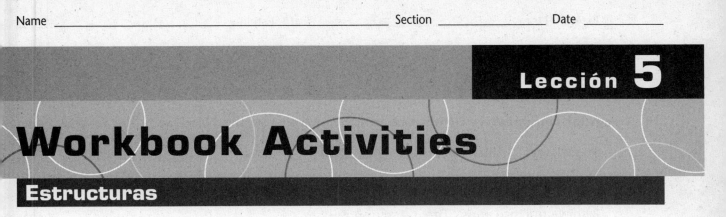

Lección **5**

Workbook Activities

Estructuras

A. Comparative forms Imagine that this picture is a photo taken at a party that you attended. Look at the picture and complete the following sentences, relating what the people are doing and establishing comparisons among them.

1. Alberto _____ _____ con Rita. Rita es _____ _____

    _____ que Alberto. Él es _____ _____ que ella.

2. Julio y Elisa _____. Julio es mucho _____ _____ que ella. Elisa

    es la _____ _____ de la fiesta.

3. Luis es _____ _____ que Mario. Mario es el _____

    _____ de la fiesta.

4. Pedro es _____ _____ que Alberto.

5. Estela y Dora _____ _____ café. Estela es _____ _____ que Dora.

6. Rita es bonita, pero no es _____ _____ _____ Estela.

B. Irregular comparative forms Compare the following people, places, and things to each other.

1. Anabel: 5'11" / Alina: 5'11"

_____

2. Beto: veinticinco años / Tito: catorce años

_____

3. el restaurante Don Pepe: bueno / el restaurante Miramar: excelente

_____

4. el hotel Siesta: malo / el hotel Costa: muy, muy malo

_____

5. yo: veinte años / mi primo: veintidós años

_____

C. Present indicative of *o:ue* stem-changing verbs I Complete the chart below.

Subject	Infinitive	Present Indicative
1. yo	poder	
2.		volvemos
3. Uds.	almorzar	
4.		encuentras
5. Luis	dormir	
6.		vuelo
7. los chicos	recordar	
8.		podemos
9. el cuadro	costar	

D. Present indicative of *o:ue* stem-changing verbs II Somebody wants to know about your plans. Answer his questions, using the cues provided.

1. ¿Puede Ud. viajar a México este verano? (sí)

   _____

2. ¿Cuánto cuesta viajar a México? (quinientos dólares)

   _____

3. ¿Ud. y su familia vuelan a México? (sí)

   _____

4. ¿A qué hora vuelve Ud. a su casa hoy? (a las cinco)

   _____

5. Ud. y sus amigos, ¿almuerzan en la cafetería o en su casa? (en la cafetería)

   _____

6. Ud. necesita hablar con su profesor hoy. ¿Recuerda su número de teléfono? (no)

   _____

E. Present progressive You are reporting on what everybody is doing. Use the present progressive tense to describe everyone's actions as completely as possible.

1. Ella _____

   _____

   _____

2. Tú _____

   _____

   _____

3. Ellos _____

   _____

   _____

4. El camarero _____

_____ la cena.

5. Yo _____

_____

una carta (*letter*).

6. Nosotros _____

_____.

F. Uses of *ser* and *estar* Complete each of the following sentences with either **ser** or **estar**, as appropriate. Indicate the reason for your choice by placing the corresponding number in the blank provided before the sentence.

Uses of **ser**

1. characteristic / expressions of age
2. material that something is made of
3. nationality / origin / profession
4. time and dates
5. event that is taking place
6. possession / relationship

Uses of **estar**

7. condition
8. location
9. reaction / sensory perception

_____ 1. ¡La ensalada _____ deliciosa!

_____ 2. Ellos _____ enfermos.

_____ 3. Miguel Ángel _____ mi hermano.

_____ 4. La fiesta _____ en el Club Tropicana.

_____ 5. Nosotros _____ norteamericanos: yo _____ de Arizona y ella

_____ de Utah.

_____ 6. El hospital _____ en la calle Cuarta.

_____ 7. Ana _____ muy bonita.

_____ 8. Los cuadernos _____ de Irene.

_____ 9. El café _____ frío.

_____ 10. ¿Dónde _____ tu hermana?

_____ 11. Rogelio _____ muy inteligente.

_____ 12. Yo _____ profesor.

_____ 13. _____ las dos y media.

_____ 14. La mesa _____ de metal.

G. Weather expressions Say what the weather is like in different parts of the country.

| Chicago | Miami | Alaska | Oregón |

1. En Chicago _____ y _____ .

2. En Miami _____ y _____ .

3. En Alaska _____ y _____ .

4. En Oregón _____ .

H. Situaciones You find yourself in the following situations. What do you say?

1. You are trying to convince your friend Amalia to go on a blind date with Hugo. Tell her he's tall, dark, and handsome, and that he is a little older than she (is).

   _____

   _____

2. You call a friend on the phone and ask him what he's doing. Tell him that you are reading a book and writing a report.

   _____

   _____

3. You are at a restaurant. Tell the waiter to bring you steak with French fries and vegetable soup.

   _____

   _____

4. You are telling on your brother and sister. You tell your mother that she is watching T.V. and he is sleeping.

   _____

   _____

5. You e-mail a friend who lives in Guatemala. Ask her what the weather is like there and tell her it's cold and it's raining in . . . (your city).

   _____

   _____

I. Crucigrama

Horizontal

5. Quiero _____ de papas.
6. salmón, por ejemplo
9. Trabaja en un restaurante.
12. hombre de Guatemala
16. Necesito sal y _____.
19. rico
21. ¿Es alto, bajo o de _____ mediana?
22. Provolone, por ejemplo
23. Necesito el mantel y las _____.
24. Necesito uno para cortar (*cut*) un biftec.
25. Comemos _____ en McDonald's.

4. regresar
6. trozo
7. ¿Quieres _____ de manzana?
8. esposo
10. factoría
11. muy, muy bonito
13. comer al mediodía
14. ¿Quieres vino blanco o vino _____?
15. De postre quiero arroz con _____.
17. ¿Quieres una _____ de café?
18. Necesito una para el café.
20. La Coca-Cola es uno.

Vertical

1. Quiero _____ de fideos.
2. ¿Quieres _____ de naranja?
3. legumbre

J. ¿Qué pasa aquí? Look at the illustration and answer the following questions.

1. ¿En qué restaurante están estas personas?

   _____

2. ¿Qué celebran Héctor y Viviana?

   _____

3. ¿Es su segundo (*second*) aniversario?

   _____

4. ¿Cuánto deja Alfredo para el mozo?

   _____

5. ¿Adónde quiere ir Alfredo ahora?

   _____

6. ¿Con quién quiere ir?

   _____

7.   ¿Con quién cena Marcelo?

_____

8.   ¿Qué recomienda el mozo?

_____

9.   ¿Qué pide (*orders*) Marcelo para tomar?

_____

10.   ¿Qué va a pedir Delia?

_____

11.   ¿Con quiénes cena Carlos?

_____

12.   ¿Qué va a pedir Carlos de postre?

_____

13.   ¿Qué va a pedir Ana?

_____

14.   Mientras Ana y Carlos comen el postre, ¿qué va a hacer Beto?

_____

La carta de Cristina

Querida Esmeralda:

¿Cómo estás? Nosotros estamos bien, pero estamos trabajando mucho, especialmente Fernando, que siempre está muy ocupado.

Esta noche vienen unos amigos a cenar° con nosotros, y voy a servir pescado a la parrilla, papas al horno y vegetales. De postre, arroz con leche y, para beber, un buen vino blanco.

Esmeralda, si vienes en octubre, podemos ir a Antigua, una de las ciudades más interesantes de Centroamérica. Si tenemos tiempo, también podemos ir a Tikal, las famosas ruinas mayas.

¿Hace mucho calor en México ahora? Aquí, como siempre, hace buen tiempo.

Bueno, tengo que empezar a cocinar. Saludos a tu familia.

Un abrazo,

Cristina

to have dinner

¡Conteste! Answer the following questions based on the reading.

1. ¿Qué está escribiendo Cristina?

   _____

2. ¿Quién está muy ocupado siempre?

   _____

3. ¿Quiénes vienen a cenar esta noche?

   _____

4. ¿Qué va a servir Cristina para comer?

   _____

5. ¿Qué va a preparar de postre?

   _____

6. ¿Van a beber vino tinto?

   _____

7. ¿Cuándo piensa venir Esmeralda a Guatemala?

   _____

8. ¿Cómo es Antigua?

   _____

9. ¿Qué otro lugar (*place*) pueden visitar?

_____

10. ¿Qué tiempo hace ahora en Guatemala?

_____

Panorama hispánico

Complete the following charts.

Guatemala

Capital: _____

Idioma oficial: _____

Clima: _____

Famosa ciudad maya: _____

Base de la economía del país: _____

Principales productos de importación: _____, _____,

_____ y _____

Moneda del país: _____

Famoso escritor guatemalteco: _____

El Salvador

Capital: _____

Población: _____

Número de volcanes: _____

Deporte más popular en las playas: _____

Clima: _____

Productos agrícolas de exportación: _____ y _____

Laboratory Activities

Diálogos

En un restaurante Listen to the dialogues twice, paying close attention to the speakers' intonation and pronunciation patterns. First, listen to the entire dialogue; then, as you listen for a second time, pause the recording after each sentence and repeat after the speaker.

Fernando Madera es de El Salvador, pero vive en la ciudad de Guatemala. Es contador y trabaja en una fábrica. Fernando es casado y su esposa Cristina es guatemalteca, de la ciudad de Antigua. Él es delgado y de estatura mediana. No es muy guapo, pero es inteligente y simpático. Cristina es un poco más baja que él, y es muy hermosa.

En este momento están en un restaurante. Cristina está leyendo el menú.

CRISTINA Arroz con pollo... biftec con papas al horno o puré de papas, ensalada...pescado frito...

FERNANDO Yo a veces almuerzo aquí. Preparan una ensalada de camarones muy rica. También tienen langosta...

CRISTINA La langosta cuesta 80 quetzales. Es un poco cara...

El camarero viene a la mesa.

CAMARERO ¿Qué desean comer?

CRISTINA Pollo a la parrilla con ensalada y una papa al horno. Para beber, agua mineral. (*A Fernando*) Tengo que contar calorías.

CAMARERO (*Anota el pedido.*) Muy bien, señora. ¿Y usted, señor?

FERNANDO Tráigame biftec con papas fritas y sopa de verduras. Para beber, vino tinto. (*A Cristina*) Las papas fritas son más sabrosas que la papa al horno.

El mozo va hacia la cocina.

CRISTINA Voy a llamar a mamá para ver qué están haciendo los niños. Estoy un poco preocupada...

FERNANDO ¡Cristina! ¡Están en su casa, con su abuela! ¡Están bien! ¡Eres imposible!

Cristina habla por teléfono y después vuelve a la mesa.

CRISTINA Amanda está estudiando, Fernandito está durmiendo y mamá está mirando su telenovela. Hay un mensaje electrónico de tu hermano. Lo están pasando muy bien en Cancún. Hace sol, pero no hace calor...

FERNANDO ¡Perfecto! Oye, voy a pedir flan con crema de postre.

CRISTINA Y yo voy a pedir helado de chocolate...

FERNANDO ¿No estás contando calorías?

CRISTINA Sí, pero el helado no tiene muchas calorías. Además... hoy es un día especial.

FERNANDO ¿Un día especial...?

CRISTINA ¡Sí! Estamos solos... podemos conversar... Creo que voy a pedir un pedazo de torta y después, café. Mañana vuelvo a mi dieta...

Fernando paga la cuenta y deja una buena propina.

A. Preguntas y respuestas You will now hear questions about the dialogue. Answer each one, omitting the subject. The speaker will confirm your response. Repeat the correct response.

B. Situaciones The speaker will present several situations based on the dialogue. Respond appropriately in Spanish to each situation. The speaker will confirm your response. Repeat the correct response. Follow the model.

> MODELO: You ask the waiter to bring you the menu.
> **Tráigame el menú.**

Pronunciación

A. *The sound of the Spanish* **p**

- Repeat each word, imitating the speaker's pronunciation.

perfectamente	tiempo	oportunidad
propina	papá	septiembre
pescado	primo	poder

- When you hear the number, read the corresponding sentence aloud. Then listen to the speaker and repeat the sentence.
  1. Para practicar, preciso tiempo y plata.
  2. Pablo puede pedirle la carpeta.
  3. El pintor pinta un poco para pasar el tiempo.

B. *The sound of the Spanish* **t**

- Repeat each word, imitating the speaker's pronunciation.

nieta	restaurante	practicar
tío	torta	tinto
otro	este	foto

- When you hear the number, read the corresponding sentence aloud. Then listen to the speaker and repeat the sentence.
  1. ¿Todavía tengo tiempo o es tarde?
  2. Tito trae tomates para ti también.
  3. Teresa tiene tres teléfonos en total.

C. *The sound of the Spanish* **c**

- Repeat each word, imitating the speaker's pronunciation.

café	contar	cuñado
nunca	copas	cuánto
calle	simpático	cuándo

- When you hear the number, read the corresponding sentence aloud. Then listen to the speaker and repeat the sentence.
  1. Carmen Cortés compró un coche.
  2. Cándido conoció a Paco en Colombia.
  3. Coco canta canciones cubanas.

D. *The sound of the Spanish* ***q***

- Repeat each word, imitating the speaker's pronunciation.

  Quintana   aquí
  Roque   quiere
  queso   Quique

- When you hear the number, read the corresponding sentence aloud. Then listen to the speaker and repeat the sentence.
  1. ¿Qué quiere Roque Quintana?
  2. ¿Quieres quedarte en la quinta?
  3. El pequeño Quique quiere queso.

Estructuras

A. Comparisons of inequality Respond to each statement you hear, using the comparative form. The speaker will confirm your response. Repeat the correct response. Follow the model.

> **MODELO:** Yo soy alto.
> **Yo soy más alto que tú.**

B. Comparisons of equality Establish comparisons of equality between the people described in each pair of statements you hear. The speaker will confirm your response. Repeat the correct response. Follow the model.

> **MODELO:** Jorge es bajo. Pedro es bajo.
> **Jorge es tan bajo como Pedro.**

C. The superlative You will hear several statements describing people or places. Using the cues provided, express the superlative. The speaker will confirm your response. Repeat the correct response. Follow the model.

> **MODELO:** Tomás es muy guapo. (de la clase).
> **Sí, es el más guapo de la clase.**

1. (de California)   3. (de la familia)
2. (de la clase)   4. (de la ciudad)

D. Present indicative of *o:ue* stem-changing verbs Answer each question you hear, using the cue provided. The speaker will confirm your response. Repeat the correct response. Follow the model.

> **MODELO:** ¿Marcos puede venir hoy? (no)
> **No, no puede venir.**

1. (en la cafetería)   4. (sí)
2. (dos dólares)   5. (no)
3. (en enero)   6. (no)

E. Present progressive Rephrase each of the following statements, using the present progressive tense. The speaker will confirm your response. Repeat the correct response. Follow the model.

> **MODELO:** Jorge come ensalada.
> **Jorge está comiendo ensalada.**

F. Uses of *ser* and *estar* Combine the phrases given to form sentences, using the appropriate form of **ser** or **estar**. The speaker will confirm your response. Repeat the correct response. Follow the model.

MODELO: mis padres / de Guatemala
Mis padres son de Guatemala.

G. Weather expressions Using the cues provided, say what the weather is like in each place. The speaker will confirm your response. Repeat the correct response. Follow the model.

MODELO: ¿Qué tiempo hace en Phoenix? (calor)
Hace calor.

1. (mucho frío)
2. (llover mucho)
3. (viento)

4. (nevar)
5. (haber niebla)

Más práctica

A. Dibujos (*Drawings*) You will hear three statements about each drawing. Choose the letter of the statement that best corresponds to the drawing. The speaker will verify your response.

1.

a b c

2.

a b c

3.

a b c

4.

a b c

5.

a b c

B. Unos diálogos breves Before listening to the dialogues in this section, study the comprehension questions below. Reviewing the questions ahead of time will help you to remember key information as you listen. Then listen carefully to the dialogues and answer each question, omitting the subject. The speaker will confirm your response. Repeat the correct answer.

1. ¿Rosa y Carlos almuerzan en la cafetería?
2. ¿Dónde almuerzan?
3. ¿Por qué no almuerzan en la cafetería?
4. ¿Por qué no va a almorzar Luis con Rosa y con Carlos?
5. ¿Qué no recuerda Oscar?
6. ¿Cuándo vuela Rita a México?
7. ¿Cuándo vuelve?
8. ¿Anita es mayor o menor que Carlos?
9. ¿Quién es más alto?
10. ¿Anita es la hermana de Carlos?

C. Para contestar Answer the questions, using the cues provided. The speaker will confirm your response. Repeat the correct response.

1. (baja)
2. (menor)
3. (a la parrilla)
4. (en un restaurante)
5. (no)

6. (el mantel y las servilletas)
7. (sol)
8. (té frío)
9. (jugo de frutas)
10. (perro caliente)

D. Tome nota You will hear a couple ordering food in a restaurant. First listen carefully for general comprehension. Then, as you listen for a second time, fill in the information requested.

	Señora	Señor
Comida	_____	_____
	_____	_____
Bebida	_____	_____
	_____	_____
Postre	_____	_____
	_____	_____

E. Dictado The speaker will read six sentences. Each sentence will be read twice. After the first reading, write what you heard. After the second reading, check your work and fill in what you missed.

1. _____

2. _____

3. _____

4. _____

5. _____

6. _____

Lección **6**

Workbook Activities

Estructuras

A. Demonstrative adjectives We are pointing to these objects and people. Write the names of the items illustrated, using the Spanish equivalent of the demonstrative adjectives given.

1. this, these

a. _____

b. _____

c. _____

d. _____

2. that, those

a. _____

b. _____

c. _____

d. _____

3. that (over there), those (over there)

a. _____

b. _____

c. _____

d. _____

B. Present indicative of *e:i* stem-changing verbs I Complete the chart below.

Infinitive	yo	tú	Ud., él, ella	nosotros	Uds., ellos, ellas
1. servir					
2.	pido				
3.		dices			
4.			sigue		
5.					consiguen

C. Present indicative of *e:i* stem-changing verbs II Complete the following paragraphs to explain what you and your friends do when you eat out and shop. Use the verbs listed. The numbers in parentheses indicate how many times each verb should be used.

pedir (3)   conseguir (1)   decir (2)   servir (1)

En el restaurante El Azteca _____ los mejores tamales y las mejores

enchiladas. Roberto y yo siempre _____ tamales y Jorge

_____ enchiladas. Nora _____ que nosotros siempre

_____ lo mismo (*the same thing*).

        Mañana, Jorge va a ir a una tienda donde él siempre _____ discos

compactos de música mexicana. Él _____ que la música de México es

la mejor.

D. Stem-changing verbs: Review Someone is always asking questions. Complete the following dialogues, using stem-changing verbs (**e:ie**, **o:ue**, and **e:i**). This will give you a chance to review them.

1.   —Carla, ¿tú _____ ir a la fiesta de Juan?

     —Yo no _____ ir porque tengo que trabajar. ¿Tú vas?

     —No, yo _____ ir al club a bailar.

2. —¿A qué hora _____ a servir el desayuno en el hotel?

—A las siete. _____ desayuno continental y desayuno americano.

—¿Cuánto _____ el desayuno continental?

—_____ cinco dólares, pero yo siempre

_____ el desayuno americano.

3. —¿Cuándo _____ Uds. de sus vacaciones?

—_____ en agosto, porque las clases

_____ en septiembre.

—Cuando Uds. van a Chile, ¿_____ o van en coche?

—_____, porque es más rápido (*faster*).

4. —¿Tú _____ en la cafetería?

—No, porque la cafetería _____ a las dos y yo trabajo hasta las tres.

5. —(Yo) no _____ mis llaves. ¿Dónde están?

—Tú siempre _____ tus llaves.

6. —Cuando tus abuelos hablan en italiano, ¿tú _____ lo que (*what*)

_____?

—No, no _____ nada.

E. Affirmative and negative expressions Someone is quite wrong about Elena and her husband. Set him straight. Rewrite the following story, making all sentences negative.

Elena siempre va a San Francisco y su esposo también va. Siempre compran algo porque tienen mucho dinero. Algunos de sus amigos vienen a su casa los domingos, y Elena sirve vino o refrescos. Elena es muy simpática y su esposo también es muy simpático.

_____

_____

_____

_____

_____

_____

F. Verbs with irregular first-person forms Tell about yourself by answering the following questions. Use the cues provided.

1.   ¿A qué hora sales de tu casa? (siete)

     _____

2.   ¿Qué coche conduces? (Ford)

     _____

3.   ¿Traes los libros a la universidad? (sí)

     _____

4.   ¿Conoces a muchos de los estudiantes de la universidad? (sí)

     _____

5.   ¿Sabes el número de teléfono de tu profesor? (no)

     _____

6.   En la clase, ¿traduces del inglés al español? (sí)

     _____

7.   ¿Haces los quehaceres por la mañana o por la tarde? (la mañana)

     _____

8.   ¿Dónde pones tus libros cuando llegas a tu casa? (en mi escritorio)

     _____

9.   ¿Qué días ves a tus amigos? (los domingos)

     _____

G. Saber vs. conocer What does everybody "know"? Write sentences using **saber** or **conocer** and the elements given.

1.   nosotros / Teresa

     _____

2.   yo / el poema / de memoria

     _____

3.   Elsa / no / California

     _____

89

4. ellos / cocinar

_____

5. tú / novelas de Cervantes

_____

6. Armando / no bailar

_____

H. Direct object pronouns I Complete the following dialogues, using direct object pronouns.

MODELO: ¿Ella llama *a Teresa*?
Sí, ella _____ llama.
Sí, ella la llama.

1. ¿Ellos *te* visitan?

Sí, ellos _____ visitan.

2. ¿Tú llamas *a Jorge*?

Sí, yo _____ llamo.

3. ¿Tú vas a comprar *las revistas*?

Sí, yo voy a comprar_____.

4. ¿Uds. *nos* llaman (a nosotras)?

Sí, nosotros _____ llamamos.

5. ¿Jorge va a llevar a *los chicos*?

Sí, Jorge va a llevar_____.

6. ¿Anita limpia el baño?

Sí, Anita _____ limpia.

7. ¿Tú *me* llamas mañana? (*Use* **tú** *form*)

Sí, yo _____ llamo mañana.

8. ¿Ellos *las* llevan (*a Uds.*) a la fiesta?

Sí, ellos _____ llevan a la fiesta.

9. ¿Ellos *las* llevan (*a ellas*) a la fiesta?

Sí, ellos _____ llevan a la fiesta.

10. ¿Tú puedes traer *la camisa de Jorge*?

Sí, yo puedo traer_____.

I. Direct object pronouns II Your friend is asking you many questions about your plans. Answer them, using the cues provided and the appropriate direct object pronouns.

1. ¿Cuándo puedes traer *las maletas*? (mañana)

   _____

2. ¿Puedes llamar*me* esta noche? (sí) (**tú** *form*)

   _____

3. ¿Tú tienes *las sábanas*? (no)

   _____

4. ¿Tú aceptas todas *las invitaciones* que recibes? (sí)

   _____

5. ¿Quién *te* lleva a la parada de autobuses? (mi tío)

   _____

6. ¿Tú vas cortar *el césped* hoy? (sí)

   _____

7. ¿Vas a visitar *a tus amigos* esta noche? (sí)

   _____

8. ¿Quién *los* va a llevar *a Uds.* al aeropuerto? (mi prima)

   _____

J. Situaciones You find yourself in the following situations. What do you say?

1. You ask a friend what he serves at his parties, and ask him where he gets a good red wine.

   _____

2. Describe to a friend all the chores you are going to do next Saturday: wash and fold clothes, iron some shirts, make the beds, and cook.

   Voy a _____

   _____

3. Complain to your roommate. Tell him/her that he/she never helps you with the housework.

   _____

4. Tell a friend that you and your brother are going to be at the bus stop and ask him if he can go pick you up.

   _____

K. Crucigrama

Horizontal

3. Olga me va a _____ a limpiar la casa.
6. opuesto de **nada**
7. Uso Tide para _____.
8. opuesto de **vender**
9. Nosotros no _____ dónde viven.
12. Lo voy a poner _____ de la cama.
15. El papá de mi esposo es mi _____.
16. Allí ponemos el coche.
17. La uso para barrer.
18. No voy a barrer. Voy a pasar la _____.
22. lo opuesto de **nunca**
23. Voy al mercado para hacer las _____.
25. Yo pongo la _____ en la cama.
26. habitación

Vertical

1. Ana _____ el piso.
2. La esposa de mi hermano es mi _____.
4. conocer: yo
5. Ellos van a _____ en autobús.
10. autobús
11. ahora mismo; en _____
13. Rita hace los _____ de la casa.
14. Ellos _____ la basura.
19. *People* es una _____.
20. Hoy voy a cortar el _____.
21. El esposo de mi hija es mi _____.
23. Se usa con un pantalón.
24. Tenemos que _____ los muebles.

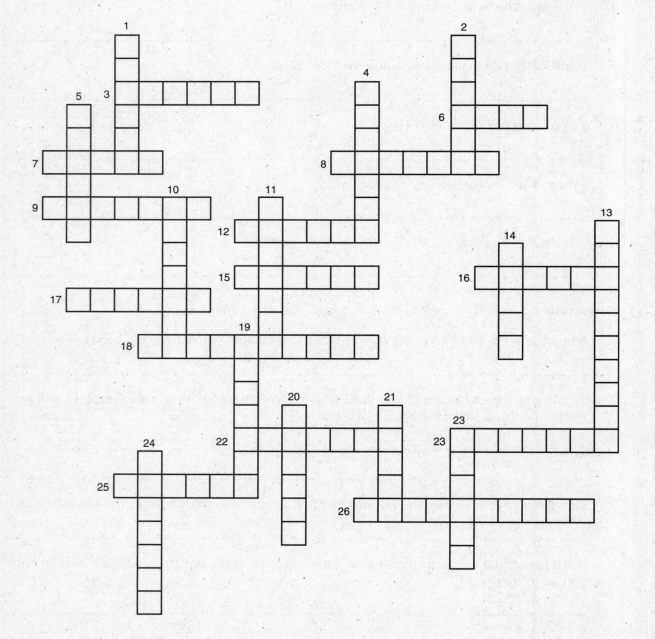

L. ¿Qué pasa aquí? Look at the illustration and answer the following questions about what is going on in each apartment on a Saturday morning.

1. ¿Quién está pasando la aspiradora?

_____

2. ¿Qué va a hacer Eva?

_____

3. ¿Qué está limpiando Rita?

_____

4. ¿Qué está haciendo la Sra. Miño?

_____

5. ¿Qué está haciendo Lisa?

_____

6. ¿Qué tiene que hacer José?

_____

7. ¿Qué va a necesitar José para hacerlo?

_____

8. ¿José está mirando una telenovela o está mirando un partido de fútbol?

_____

9. ¿Qué está haciendo Adolfo?

_____

10. ¿Quién está haciendo la cama?

_____

Panorama hispánico

Complete the following charts.

Honduras
Capital: _____
Población: _____
Base de la economía del país: _____
Porcentaje de la población que trabaja en la agricultura: _____
Mayor atracción turística del país: _____

Name _____ Section _____ Date _____

Nicaragua

Capital: _____

Lagos importantes: _____ y _____

Ciudades más importantes: _____, _____ y

_____

Base de la economía del país: _____

Principales productos de exportación: _____, _____ y

_____

Gran poeta nicaragüense: _____

Lección 6

Laboratory Activities

Diálogo

Hoy llega tía Nora Listen to the dialogue twice, paying close attention to the speakers' intonation and pronunciation patterns. First, listen to the entire dialogue; then, as you listen for a second time, pause the recording after each sentence and repeat after the speaker.

La familia Núñez Arzuaga, de Tegucigalpa, Honduras, está esperando la llegada de doña Nora, la hermana mayor del señor Núñez. Ella vive en Managua y siempre viene a visitarlos en el verano. Hoy, Ester y sus hijos están haciendo los trabajos de la casa.

ESTER	¡Amalia! Yo estoy cocinando. Tú tienes que lavar los platos y barrer la cocina. ¿Dónde está la escoba?
AMALIA	¿Y qué va a hacer Celia mientras yo hago todo el trabajo? ¡Ella nunca hace nada!
CELIA	¡Ja! ¡Eso no es verdad! Yo estoy planchando las camisas de papá...
ESTER	Sí, y después va a hacer las camas y va a cambiar las sábanas.
AMALIA	¿Y Daniel? ¿Está haciendo algo? Él nunca nos ayuda.
ESTER	Él está arreglando su cuarto...
CELIA	¡Ay, mamá! ¿Desde cuándo? Para él, arreglar su cuarto es esconderlo todo debajo de la cama.
ESTER	Pues esta vez tiene que poner las cosas en su lugar, porque tu tía Nora va a usar ese cuarto y Daniel va a dormir en el sofá de la sala.
AMALIA	¿Quién va a hacer las compras en el mercado?
ESTER	Tu papá. (*Llama a su esposo.*) ¡Pedro! Tienes que ir al Mercado Municipal. Y a ver si esta vez consigues carne buena... Aquí tengo la lista...
PEDRO	¡No la necesito! Yo sé lo que tengo que comprar. En seguida vuelvo. (*Sale del cuarto.*)
ESTER	¡Quién sabe lo que va a traer! (*Suspira.*) ¡Qué trabajo tenemos cuando mi cuñada viene a visitarnos...!
AMALIA	¡El año próximo nosotros podemos visitarla a ella! Yo quiero conocer Managua.
CELIA	¡Estoy de acuerdo! Yo también quiero ir a Managua.
AMALIA	¿Papá va a ir a buscar a tía Nora a la parada de autobuses?
ESTER	No, ella dice que es mejor tomar un taxi...
CELIA	¡Tocan a la puerta! (*Mira por la ventana.*) ¡Es tía Nora! ¡Daniel! ¡Rápido! ¡Todo esto va debajo de la cama!

A. Preguntas y respuestas You will now hear questions about the dialogue. Answer each one, omitting the subject. The speaker will confirm your response. Repeat the correct response.

B. Situaciones The speaker will present several situations based on the dialogue. Respond appropriately in Spanish to each situation. The speaker will confirm your response. Repeat the correct response. Follow the model.

MODELO: You ask a friend if he knows Rafael's address.
¿Tú sabes la dirección de Rafael?

Pronunciación

A. *The sound of the Spanish* **g**

- Repeat each word, imitating the speaker's pronunciation.

Gerardo	Argentina	recoger
agencia	general	agente
Ginés	inteligente	Genaro

- When you hear the number, read the corresponding sentence aloud. Then listen to the speaker and repeat the sentence.
  1. Gerardo le da el registro al agente.
  2. El general y el ingeniero recogieron los giros.
  3. Ginés gestionó la gira a Argentina.

B. *The sound of the Spanish* **j**

- Repeat each word, imitating the speaker's pronunciation.

Julia	dejar	garaje
jota	hijo	debajo
jugo	viajar	jueves

- When you hear the number, read the corresponding sentence aloud. Then listen to the speaker and repeat the sentence.
  1. Julia juega con Josefina en junio.
  2. Juan Juárez trajo los juguetes de Jaime.
  3. Esos jugadores jamás jugaron en Jalisco.

C. *The sound of the Spanish* **h**

- Repeat each word, imitating the speaker's pronunciation.

hay	Hilda	habitación
Honduras	hermano	hasta
ahora	hotel	hija

- When you hear the number, read the corresponding sentence aloud. Then listen to the speaker and repeat the sentence.
  1. Hay habitaciones hasta en los hoteles.
  2. Hernando Hurtado habla con su hermano.
  3. Hortensia habla con Hugo en el hospital.

Estructuras

A. Demonstrative adjectives and pronouns Answer each of the following questions by saying that you prefer the object that is farthest from you and the speaker, using the verb **preferir** and the equivalent of *that one over there* or *those over there*. The speaker will confirm your response. Repeat the correct response. Follow the model.

> MODELO: ¿Quieres esta lista o ésa?
> **Prefiero aquélla.**

B. Present indicative of *e:i* stem-changing verbs Answer each question you hear, using the cue provided. The speaker will confirm your response. Repeat the correct response. Follow the model.

> MODELO: ¿Qué piden Uds.? (agua mineral)
> **Pedimos agua mineral.**

1. (pollo y ensalada)
2. (a las doce)
3. (sí)

4. (sí)
5. (no)

C. Affirmative and negative expressions Give a negative response to each question you hear. The speaker will confirm your response. Repeat the correct response. Follow the model.

> MODELO: ¿Quieres comprar algunas revistas?
> **No, no quiero comprar ninguna revista.**

D. Verbs with irregular first-person forms Answer the following questions in the affirmative. The speaker will confirm your response. Repeat the correct response. Follow the model.

> MODELO: ¿Traes a tu amiga a la fiesta?
> **Sí, traigo a mi amiga a la fiesta.**

E. *Saber* vs. *conocer* Say what or whom the following people know, using **saber** or **conocer** and the cues provided. The speaker will confirm your response. Repeat the correct response. Follow the model.

> MODELO: Sergio (a María)
> **Sergio conoce a María.**

1. (hablar español)
2. (Nicaragua)
3. (dónde viven)
4. (las novelas de Cervantes)
5. (a sus padres)

F. Direct object pronouns Say that Luis will be able to take the following people to a party in his car. The speaker will confirm your response. Repeat the correct response. Follow the model.

> MODELO: Yo no tengo coche.
> **Luis puede llevarme.**

Más práctica

A. Dibujos (*Drawings*) You will hear three statements about each drawing. Choose the letter of the statement that best corresponds to the drawing. The speaker will verify your response.

1.

María

a b c

2.

ENRIQUE

a b c

3.

Irene

a b c

4. 5.

ENRIQUE

a b c

CLORO la señora Díaz

a b c

B. Unos diálogos breves Before listening to the dialogues in this section, study the comprehension questions below. Reviewing the questions ahead of time will help you to remember key information as you listen. Then listen carefully to the dialogues and answer each question, omitting the subject. The speaker will confirm your response. Repeat the correct answer.

1. ¿A qué hora llama Sergio a Gloria?
2. ¿Por qué no puede llamarla a las siete?
3. ¿Quién tiene los libros de Gloria?
4. ¿Cuándo piensa visitar Ana a Olga?
5. ¿Va a invitar a Daniel?
6. ¿A qué hora sirven la comida en la casa de Amalia?
7. ¿Quién está sirviendo la comida ahora?

C. Para contestar The speaker will ask you some questions. Answer each question, using the cues provided. The speaker will confirm your response. Repeat the correct response.

1. (mi mamá)
2. (los sábados)
3. (sí)
4. (los viernes)
5. (París)

6. (sí)
7. (no, nunca)
8. (no)
9. (no)
10. (tres)

D. Tome nota You will hear a dialogue in which Delia and her husband, Mario, discuss household chores. First listen carefully for general comprehension. Then, as you listen for a second time, list the chores that each one is going to do.

Delia	Mario
1. _____	1. _____
_____	_____
2. _____	2. _____
_____	_____
3. _____	3. _____
_____	_____
4. _____	4. _____
_____	_____

E. Dictado The speaker will read six sentences. Each sentence will be read twice. After the first reading, write what you heard. After the second reading, check your work and fill in what you missed.

1. _____
2. _____
3. _____
4. _____
5. _____
6. _____

Hasta ahora... Una prueba

Let's combine the structure and the vocabulary from **Lecciones 5** and **6**. How much can you remember?

A. Complete the following exchanges, using the present indicative of the verbs given.

1. —¿Tú _____ (poder) estudiar conmigo y con Saúl el sábado?

    —Yo no _____ (conocer) a Saúl... y los sábados, _____

    (salir) con Roberto.

2. —¿(Ellos) _____ (servir) comida mexicana en ese restaurante?

    —No necesitamos ir a un restaurante. Yo _____ (hacer) tamales muy

    buenos...

    —Yo no _____ (saber) hacer tamales, pero _____

    (conseguir) tacos muy sabrosos en una taquería.

3. —¿Dónde _____ (almorzar) ustedes?

    —_____ (Almorzar) en el restaurante Miramar. Yo siempre

    _____ (pedir) langosta o camarones.

    —Yo siempre _____ (decir) que ese restaurante es excelente.

4. —¿A qué hora _____ (volver) tú a tu casa?

    —Si tomo el ómnibus, _____ (volver) a las seis, pero si

    _____ (conducir) mi coche, estoy en mi casa a las cinco.

B. Complete the following exchanges, using the Spanish equivalent of the words in parentheses.

1. —¿Necesita _____? (*anything*)

    —Sí, quiero leer _____. (*these magazines*)

2. —¿Quién _____ la comida? (*is serving*)

    —Mi mamá. Ana _____ y Teresa

    _____ en su cuarto. (*is studying / is sleeping*)

    —Y tú?

    —Yo _____ (*am not doing anything*)

3. —¿Tú vas a fregar los platos?

   —Sí. ¿Tú puedes _____? (*dry them*)

   —No, no puedo _____, Anita. Estoy ocupado. (*help you*)

4. —¿Ustedes van a ir a la casa de Marta?

   —Sí, ella _____. (*needs us*)

   —¿Hay _____ en su casa en _____

   momento? (*anybody / this*)

   —No, _____. (*there's nobody*)

5. —¿Dónde _____ la fiesta de Silvia? (*is*)

   —En el hotel Azteca, _____ la ciudad. (*the best in*)

6. —¿Dices que _____? (*it's raining*)

   —Sí, y _____. (*it's very cold*)

7. —¿Ana _____ Pablo? (*is older than*)

   —Sí, pero él _____ ella. (*is much taller than*)

8. —Esteban _____ muy inteligente. (*is*)

   —¡Tú _____ inteligente _____ él! (*are as / as*)

9. —¡El pollo _____ muy sabroso! ¿Quieres un pedazo? (*is*)

   —No, gracias. No tengo mucha hambre. Voy a comer _____

   ensalada. (*that*)

C. Arrange this vocabulary in groups of three, according to the different categories.

a la parrilla	helado	pagar	dormitorio	padrastro
jugo de frutas	frito	cuñada	barrer	cuchillo
lavar la ropa	vino tinto	té frío	comedor	taxi
sala de estar	cuenta	taza	autobús	al horno
pasar la aspiradora	refresco	legumbre	ómnibus	verdura
madrastra	cuchara	camarones	propina	champán
doblar la ropa	suegra	torta	hijastra	langosta
trapear el piso	vaso	pescado	nuera	cerveza
planchar	ensalada	copa	flan	tenedor

1. _____ _____ _____

2. _____ _____ _____

3. _____ _____ _____

4. _____   _____   _____

5. _____   _____   _____

6. _____   _____   _____

7. _____   _____   _____

8. _____   _____   _____

9. _____   _____   _____

10. _____   _____   _____

11. _____   _____   _____

12. _____   _____   _____

13. _____   _____   _____

14. _____   _____   _____

15. _____   _____   _____

Un paso más

A. Look at this ad for a restaurant, and answer the questions that follow.

Restaurante
El favorito

Especialidad de la casa: Pescados y mariscos
Menú Internacional

Ambiente familiar
Vista panorámica
Música y baile los
sábados y domigos
Almuerzo y cena

Postres caseros
Vinos importados
Salones privados
para grupos de 12
a 20 personas

Desde el año 1975... ¡Y continuamos sirviendo la comida más fabulosa de Managua!
Para hacer reservaciones, llame al teléfono 63-48-90
Aceptamos tarjetas de crédito°   *credit cards*
Abierto de martes a domingo desde las 11 hasta las 23 horas
Calle Central, número 550

1. ¿Cuál es la dirección del restaurante El favorito?

    _____

2. ¿Cómo puedo hacer reservaciones?

    _____

3. ¿Puedo comer en el restaurante un lunes?

    _____

4. ¿Qué podemos usar para pagar la cuenta?

    _____

5. ¿Sirven desayuno (*breakfast*) en el restaurante El favorito?

    _____

6.   ¿Podemos pedir langosta y camarones en el restaurante?

_____

7.   ¿Sirven solamente comida típica de Nicaragua?

_____

8.   ¿Cree usted que los postres son buenos? ¿Por qué?

_____

9.   Si yo voy con siete amigos, ¿podemos tener un salón privado?

_____

10.   ¿El restaurante El favorito es nuevo?

_____

11.   ¿Es un restaurante adecuado para familias?

_____

12.   ¿Qué podemos hacer los sábados y los domingos?

_____

B. You are taking the weekend off, so you must do all your household chores during the week. Make a to-do list, indicating what chores you are going to do every day. Include what you are going to prepare for meals. Name at least twelve chores.

Lección **7**

Workbook Activities

Estructuras

A. Indirect object pronouns I Carlos is very helpful. Write what he brings to the following people, using indirect object pronouns. Follow the model.

> MODELO: Adela pide una toalla.
> **Carlos le trae una toalla.**

1. Yo pido jabón.

   _____

2. Uds. piden una cámara fotográfica.

   _____

3. Nosotros pedimos las maletas.

   _____

4. Ud. pide la llave.

   _____

5. Tú pides una cámara de video.

   _____

6. Ernesto pide el almuerzo.

   _____

7. María y Jorge piden la cena.

   _____

8. Estela pide el desayuno.

   _____

B. Indirect object pronouns II Someone wants to know what is being done for everybody. Tell him, by answering the following questions, using the cues provided.

1. ¿A quién le vas a dar el dinero? (a Raúl)

   _____

109

2. ¿Me vas a comprar algo a mí? (no, nada)

   _____

3. ¿Qué te va a traer el botones? (el equipaje)

   _____

4. ¿Qué nos vas a comprar tú? (un reloj)

   _____

5. ¿Qué les sirve a ustedes su mamá? (pollo y ensalada)

   _____

6. ¿Cuánto dinero le vas a dar a tu hermana? (cien dólares)

   _____

C. Constructions with _gustar_ I Complete the following chart, using the verb **gustar**.

English	Indirect object	Verb _**gustar**_	Person(s) or thing(s) liked
1. I like John.	**Me**	**gusta**	**Juan.**
2. I like these suitcases.	**Me**	**gustan**	**estas maletas.**
3. You (_fam._) like the book.	Te		
4. He likes the pens.			
5. She likes her job.	Le		
6. We like this restaurant.	Nos		
7. You (_pl._) like this city.	Les		
8. They like to work.			
9. I like to dance.			
10. You (_fam._) like this hotel.			
11. He likes to travel.			
12. We like this class.			
13. They like their professors.			

D. Constructions with *gustar* II A group of people is going to travel. Say what they like better by rewriting each sentence. Substitute the expression **gustar más** for **preferir**.

MODELO: Ana prefiere viajar con su familia.
A Ana le gusta más viajar con su familia.

1. Yo prefiero viajar en el verano.

   _____

2. Ella prefiere el hotel Hilton.

   _____

3. Nosotros preferimos este restaurante.

   _____

4. Ellos prefieren ir a Panamá.

   _____

5. Tú prefieres las maletas azules.

   _____

6. Ustedes prefieren salir por la mañana.

   _____

E. Time expressions with *hacer* I Complete the following chart, using the Spanish construction for length of time.

English	**Hace**	Length of time	**que**	Subject	Verbs in the present tense
1. I have been studying for three years.	**Hace**	**tres años**	**que**	**(yo)**	**estudio.**
2. You have been working for two days.				(tú)	
3. You have been traveling for a month.				(Ud.)	
4. She has been reading for four hours.					
5. He has been sleeping for six hours.					
6. You have been dancing for two hours.				(Uds.)	
7. They have been writing for two hours.					

F. Time expressions with *hacer* II Say how long each action has been going on. Follow the model.

MODELO: Son las siete. Trabajo desde (*since*) las tres.
Hace cuatro horas que trabajo.

1. Estamos en diciembre. Vivo aquí desde febrero.

   _____

2. Son las ocho. Estoy aquí desde las ocho menos veinte.

   _____

3. Estamos en el año 2009. Estudio en esta universidad desde el año 2007.

   _____

4. Estamos en noviembre. No veo a mis padres desde julio.

   _____

5. Son las cuatro de la tarde. No como desde las diez de la mañana.

   _____

G. Preterit of regular verbs I Complete the following chart with the corresponding preterit forms.

Infinitive	yo	tú	Ud., él, ella	nosotros	Uds., ellos, ellas
1. hablar	hablé	hablaste	habló	hablamos	hablaron
2. trabajar	trabajé	trabajaste	trabajó	trabajamos	trabajaron
3. cerrar	cerré	cerraste	cerró	cerramos	cerraron
4. empezar	empecé	empezaste	empezió	empezamos	empezaron
5. llegar	llegué	llegaste	llegó	llegamos	llegaron
6. buscar	busqué	buscaste	buscó	buscamos	buscaron
7. comer	comí	comiste	comió	comimos	comieron
8. beber	bebí	bebiste	bebió	bebimos	bebieron
9. volver	volví	volviste	volvió	volvimos	volvieron
10. leer	leí	leiste	leyó	leimos	leyeron
11. creer	creí	creiste	creyó	creimos	creyeron
12. vivir	viví	viviste	vivió	vivimos	vivieron
13. escribir	escribí	escribiste	escribió	escribimos	escribieron
14. recibir	recibí	recibiste	recibió	recibimos	recibieron
15. abrir	abrí	abriste	abrió	abrimos	abrieron

H. Preterit of regular verbs II Miguel has a daily routine. Rewrite the paragraph, changing the verbs to the preterit to say what happened yesterday.

Yo salgo de mi casa a las diez y llego a la universidad a las once. Ada y yo estudiamos en la biblioteca y después comemos en la cafetería. Después de las clases trabajo en la oficina. Vuelvo a mi casa a las seis, leo un rato y ceno. Mis padres me llaman a las siete.

Yo salí de mi casa a las diez y llegué a la univer
a las once. Ada y yo estudiamos en la biblioteca y
despues comimos en la Cafeteria. Despues de las clases
trabajé en la oficina. Volví a mi casa a las
seis, leí un rato y cené. Mis padres me llamaron a
la siete

I. Ordinal numbers These people are attending a convention in Panama. According to their room number, say which floor they are on.

MODELO: Carlos Reyes: 597
Carlos Reyes está en el quinto piso.

1. Miguel Fuentes: 245

2. Ángel Batista: 750

3. Silvia Larra: 386

4. Arturo Gálvez: 960

5. Ester Vázquez: 437

6. Nora Ballesteros: 124

7. Rubén Acosta: 689

_____

8. Alberto Cortés: 817

_____

9. Caridad Basulto: 1045

_____

J. Situaciones You find yourself in the following situations. What do you say?

1. At a hotel, you ask if they have vacant rooms. You tell them that you don't have a reservation, but your name (*nombre*) is on the waiting list.

_____

_____

2. You ask if the bellhop can take your suitcases to the room. Ask also where the elevator is.

   Botones   *ascensor*

_____

_____

3. You ask a friend if he likes a room with an ocean view or a room with a view of the mountain better.

_____

_____

4. At a hotel, you ask what time you have to vacate the room. You also ask what the rate of exchange is.

_____

_____

5. Back from a trip, you tell your parents that you sent them a postcard and ask if they got it.

_____

_____

K. Crucigrama

Horizontal

2. comida de la mañana
4. Pasan una buena _____ en el cine Rex.
5. ¿A cómo está el cambio de _____?
7. valija
9. opuesto de **drama**
11. ascensor
12. hacer una promesa
14. En un hotel, lleva las maletas al cuarto.
17. ¿Puede poner mi nombre en la lista de _____?
18. Está en mi cama.
20. Tengo muchas flores en mi _____.
22. Está en el baño.
23. Nadamos en una _____.
24. opuesto de **confirmar**
25. Viene después del cuarto.

Vertical

1. Le mandé una _____ postal.
2. Hay _____ y bañadera.
3. ¿Es una habitación doble o _____?
4. documento que necesitamos para viajar
6. primero, segundo, _____
8. La necesito para abrir la puerta.
10. chico de catorce años
13. Hay una _____ y un consulado.
15. Hay un ascensor y una escalera _____.
16. ¿Tienen servicio de _____?
19. Es un hombre de _____.
21. Hoy es martes; _____ fue (*was*) domingo.

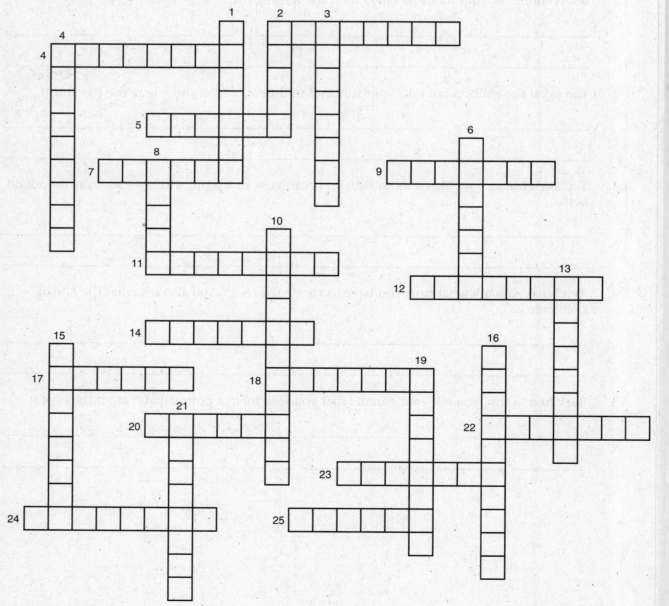

L. ¿Qué pasa aquí? Look at the illustration and answer the following questions.

1.   ¿A qué hora es el desayuno?

_____

2.   ¿A qué hora es el almuerzo?

_____

3.   ¿A qué hora es la cena?

_____

4.   ¿El cuarto es interior?

_____

5.   ¿Es una habitación sencilla o doble?

_____

6.   ¿Tiene el cuarto baño privado?

_____

7. ¿Cuántas maletas tienen Magali y Javier?

_____

8. ¿Qué no tiene Magali?

_____

9. ¿Qué quiere comprar Magali? ¿Cuánto cuesta?

_____

10. ¿Dónde está Javier?

_____

11. ¿Qué va a pedir Javier?

_____

12. ¿Cuántas toallas hay en el baño?

_____

Para leer

De vacaciones

Marta y su esposo Rubén están de vacaciones, viajando por Costa Rica.
Antes de salir de su casa, llamaron por teléfono al hotel Herradura, en San
José, para reservar una habitación doble con vista a la calle y con aire
acondicionado.

Cuando llegaron al hotel, hablaron con un empleado y recogieron° la   *picked up*
llave de la habitación. El botones llevó las maletas al cuarto y Rubén le dio° *gave*
una buena propina. A Marta le gustó mucho la habitación, y después de
descansar° un rato decidieron comer en el restaurante del hotel antes de   *rest*
salir a pasear° por la ciudad para visitar algunos lugares de interés.   *walk around*

¡Conteste! Answer the following questions based on the reading.

1. ¿Qué están haciendo Marta y Rubén en Costa Rica?

_____

2. ¿Para qué llamaron al hotel Herradura?

_____

3. ¿En qué ciudad está el hotel?

_____

4. ¿La habitación es con vista a la calle o interior?

_____

5. Marta y Rubén no van a tener calor en su cuarto. ¿Por qué?

_____

6. ¿Quién llevó las maletas al cuarto?

_____

7. ¿Qué recibió el botones?

_____

8. ¿Le gustó la habitación a Marta?

_____

9. ¿Dónde comieron Marta y Rubén?

_____

10. ¿Qué visitaron en San José?

_____

Panorama hispánico

Complete the following charts.

Costa Rica
Capital: _____
Principales productos de exportación: _____, _____,
_____ y _____
Segunda fuente de ingreso: _____
Número de parques nacionales: _____
Porcentaje de personas que saben leer y escribir: _____
Instrumentos musicales más populares: _____, _____ y
_____

Panamá

Capital: _____

Principal fuente de ingreso: _____

Ciudades más importantes: _____ y _____

Fecha en que el canal pasó a poder de Panamá: _____

Océanos que une el canal: _____ y _____

Deporte más popular: _____

Laboratory Activities

Diálogo

Una familia panameña en Costa Rica Listen to the dialogues twice, paying close attention to the speakers' intonation and pronunciation patterns. First, listen to the entire dialogue; then, as you listen for a second time, pause the recording after each sentence and repeat after the speaker.

Rubén Saldaña, su esposa Beatriz y sus hijas Paola y Ariana están en un hotel de San José, la capital de Costa Rica. El Sr. Saldaña es un hombre de negocios y su esposa es maestra. Paola y Ariana son adolescentes.

EMPLEADO	¿En qué puedo servirle, señor?
RUBÉN	Me llamo Rubén Saldaña. Mi familia y yo necesitamos una habitación para cuatro personas, con dos camas dobles. Tenemos reservación. Yo llamé anteayer para confirmarla.
EMPLEADO	A ver... Rubén Saldaña... Sí, señor. Su habitación está en el tercer piso.
ARIANA	¿Los cuartos tienen televisor? Yo quiero ver mi programa favorito.
PAOLA	¿Tienen servicio de Internet? Yo necesito mandarle un mensaje instantáneo a Carolina. Hace mucho tiempo que no hablamos.
BEATRIZ	Hablaste con ella ayer. ¡Y anoche le mandaste una tarjeta postal! Ahora tenemos que llevar el equipaje al cuarto.
EMPLEADO	Tiene que dejarnos el número de su tarjeta, señor. El botones puede llevar las maletas a su cuarto. (*Le da la llave.*) Aquí tiene la llave. Debe dejarla con nosotros, en la recepción, si sale del hotel.
RUBÉN	¿El hotel tiene servicio de habitación?
EMPLEADO	Sí, señor. Sirven la cena hasta las once de la noche.
BEATRIZ	Rubén... ya cenamos... ¡Y tú comiste muchísimo!
RUBÉN	Sí, pero me gusta comer algo antes de dormir...
BEATRIZ	Vamos a nuestro cuarto. ¿Dónde está el ascensor? Estoy cansada.
ARIANA	Yo voy a usar la escalera. Necesito hacer ejercicio.
PAOLA	¿El hotel tiene piscina? Yo quiero nadar un rato.

En el cuarto

ARIANA	Mamá, ¿el cuarto tiene aire acondicionado? Tengo calor.
PAOLA	No me gusta la cama. El colchón no es muy cómodo...
RUBÉN	Es tarde. Vamos a dormir. Mañana vamos a ir al jardín Lankester y al parque Braulio Carrillo.
ARIANA	¡Pero, papá! ¡Estamos de vacaciones! Yo quiero mirar televisión hasta tarde...
BEATRIZ	Ariana tiene razón. A ver, Rubén... ¿Qué programas te gustan?
RUBÉN	Bueno...
ARIANA	A Paola y a mí nos gusta la película que pasan en el canal 4.
RUBÉN	Bueno... a mí me gusta más mirar las noticias...
BEATRIZ	A las chicas les gusta la película... ¡Y a mí también! Yo la vi el mes pasado.
RUBÉN	Buenas noches...
BEATRIZ	¿Por qué no miras la película con nosotras? Te prometo que te va a gustar. Es una comedia romántica...
RUBÉN	Hasta mañana...

A. Preguntas y respuestas You will now hear questions about the dialogues. Answer each one, omitting the subject. The speaker will confirm your response. Repeat the correct response.

B. Situaciones The speaker will present several situations based on the dialogue. Respond appropriately in Spanish to each situation. The speaker will confirm your response. Repeat the correct response. Follow the model.

> MODELO: You ask a friend if he likes to travel.
> **¿Te gusta viajar?**

Pronunciación

A. *The sound of the Spanish* **ll**

- Repeat each word, imitating the speaker's pronunciation.

calle	llegar	botella
llevar	llave	platillo
cuchillo	pollo	

- When you hear the number, read the corresponding sentence aloud. Then listen to the speaker and repeat the sentence.
    1. Allende lleva la silla amarilla.
    2. Las huellas de las llamas llegan a la calle.
    3. Lleva la llave, los cigarrillos y las botellas.

B. *The sound of the Spanish* **ñ**

- Repeat each word, imitating the speaker's pronunciation.

español	señorita	España
señor	mañana	año
niño	otoño	

- When you hear the number, read the corresponding sentence aloud. Then listen to the speaker and repeat the sentence.
    1. La señorita Muñoz le da una muñeca a la niña.
    2. La señora española añade vino añejo.
    3. Toño tiñe el pañuelo del niño.

Estructuras

A. Indirect object pronouns Respond to the following questions with complete sentences, using the cues provided. The speaker will confirm your response. Repeat the correct response. Follow the model.

> MODELO: ¿Qué me traes?
> **Te traigo un libro.**

1.   (una cámara de video)
2.   (la hora)
3.   (dinero)
4.   (el desayuno)
5.   (las maletas)

B. Constructions with *gustar* Answer the following questions, using expressions with **gustar** and the cues provided. The speaker will confirm your response. Repeat the correct response. Follow the model.

> MODELO: ¿Prefieres Costa Rica o Panamá? (Costa Rica)
> **Me gusta más Costa Rica.**

1.   (playa)
2.   (película)
3.   (escalera)
4.   (el canal dos)
5.   (con vista al mar)
6.   (otoño)

C. Time expressions with *hacer* Answer the following questions, using the cues provided. The speaker will verify your response. Repeat the correct response. Follow the model.

> MODELO: ¿Cuánto tiempo hace que trabajas en este hotel? (dos meses)
> **Hace dos meses que trabajo en este hotel.**

1.   (un año)
2.   (diez años)
3.   (una hora)
4.   (veinte minutos)
5.   (dos semanas)

D. Preterit of regular verbs Answer the following questions, changing the verbs to the preterit. The speaker will confirm your response. Repeat the correct response. Follow the model.

> MODELO: ¿No vas a estudiar?
> **Ya estudié.**

E. Ordinal numbers You will hear nine cardinal numbers. After each one, give the corresponding ordinal number. The speaker will confirm your response. Repeat the correct response. Follow the model.

> MODELO: cinco
> **quinto**

A. Dibujos (*Drawings*) You will hear three statements about each drawing. Choose the letter of the statement that best corresponds to each drawing. The speaker will verify your response.

1.   a   b   c

2.   a   b   c

3.   a   b   c

4.   a   b   c

5.   a   b   c

B. Unos diálogos breves Before listening to the dialogues in this section, study the comprehension questions below. Reviewing the questions ahead of time will help you to remember key information as you listen. Then listen carefully to the dialogues and answer each question, omitting the subject. The speaker will confirm your response. Repeat the correct answer.

1.   ¿Qué le gustó más a Amelia de su viaje ?
2.   ¿Les mandó tarjetas postales a sus amigos?
3.   ¿Le escribió a su mamá?
4.   ¿En qué piso está la habitación de Teresa?
5.   ¿Teresa va a usar el ascensor?
6.   ¿Qué va a usar?
7.   ¿Por qué va a usar las escaleras?
8.   ¿Cuánto tiempo hace que Ana conoce a Guillermo?
9.   ¿Dónde lo conoció?
10.   ¿Le gustó Panamá a Ana?

C. Para contestar Answer the questions you hear, using the cues provided. The speaker will confirm your answers. Repeat the correct answer.

1. (de vacaciones)
2. (la piscina)
3. (las seis)
4. (mucho tiempo)
5. (sí, mucho)
6. (no)
7. (no)
8. (la escalera mecánica)
9. (a las doce)
10. (el botones)

D. Tome nota You will hear a radio ad for a hotel in Costa Rica. First listen carefully for general comprehension. Then, as you listen for a second time, fill in the information requested.

— HOTEL SAN JOSÉ —

Dirección: _____

Teléfono: _____

Lista de precios

Habitaciones exteriores   Habitaciones interiores

   Dobles: $_____   Dobles: $_____

   Sencillas: $_____   Sencillas: $_____

Servicio de restaurante

Desayuno: De _____ a _____

Almuerzo: De _____ a _____

Cena: De _____ a _____

E. Dictado The speaker will read six sentences. Each sentence will be read twice. After the first reading, write what you heard. After the second reading, check your work and fill in what you missed.

1. _____

2. _____

3. _____

4. _____

5. _____

6. _____

E. Preterit of *e:i* and *o:u* stem-changing verbs These people are talking about what took place yesterday. Complete the following exchanges, using the preterit of the verbs given.

1. **servir / pedir** _to serve_ _→to give_

    —¿A qué hora __sirvieron__ ellos el almuerzo?

    —A las doce. pidieron

    —¿Qué __~~sirvieron~~__ Uds.?

    —Yo __~~serví~~ pedí__ langosta y Aurora __pidió__

    camarones.

2. **dormir** _to sleep_

    —¿Cómo __durmieron__ Uds.?

    —Yo __dormí__ muy bien, pero Ana y Eva

    __durmieron__ muy mal.

3. **conseguir** _→to get_

    —¿Dónde __conseguieron__ ellos esas copas?

    —En Puerto Rico.

4. **morir** _to die_

    —¿Cuántas personas __murieron__ en el accidente?

    —No __murieron__ nadie.

5. **repetir / mentir**

    —Beto dice que el profesor no __repitió__ las preguntas.

    —Beto te __mentió__.

F. Uses of *por* and *para* I Look at the pictures below and describe what is happening, using **por** or **para**.

1. ___La señora___ pasa ___por___ el banco.

2. El ___dinero___ es ___para___ María.

3. Viajamos ___por el Tren___.

4. Hay vuelos ___para San Juan___.

5. Necesito el vestido (*dress*) ___para sábado___.

6. Pagó diez ___dollares por la maleta___.

7. Vengo ___por la noche___ _____.

8. Me dio ___cinco dollars___ ___para___ comprar el ___libro___.

133

K. ¿Qué pasa aquí? Look at the illustration and answer the following questions.

1. ¿Dónde estaciona Mario su motocicleta?

    _____

2. Si un policía ve la moto, ¿qué le va a poner a Mario?

    _____

3. ¿Adónde va Mario?

    _____

4. ¿Qué tipo de cuenta tiene Mario en el banco?

    _____

5. ¿Qué tipo de cuenta no tiene?

    _____

6. ¿Qué solicita Olga?

    _____

7. ¿Cuánto dinero necesita?

_____

8. ¿Para qué quiere el dinero?

_____

9. ¿Le van a dar el préstamo?

_____

10. ¿Qué piensa solicitar Juan?

_____

Panorama hispánico

Complete the following chart.

Puerto Rico

Capital: _____

Archipiélago al cual pertenece: _____

Área: _____

Parte antigua de la capital: _____

Famosas fortalezas: _____ y _____

Segunda ciudad en importancia: _____

Influencias en su cultura: _____ , _____ y

_____

Deporte más popular: _____

Poetisa de fama internacional: _____

Laboratory Activities

Diálogo

Un martes 13 Listen to the dialogue twice, paying close attention to the speakers' intonation and pronunciation patterns. First, listen to the entire dialogue; then, as you listen for a second time, pause the recording after each sentence and repeat after the speaker.

En una casa de la avenida Ponce de León, en San Juan, Puerto Rico, vive la familia Burgos Trinidad: Sara y Luis Burgos y su hijo Edwin. Edwin tiene mucho sueño hoy porque anoche no durmió muy bien. Ahora está desayunando y hablando con su mamá. Le está contando todo lo que le pasó ayer.

MAMÁ	¿Fuiste a la tintorería a recoger tus pantalones?
EDWIN	Sí... Ése fue mi primer problema... Estacioné la motocicleta frente a una boca de incendios y un policía me dio una multa.
MAMÁ	¡Pobrecito! Y después... ¿fuiste al banco?
EDWIN	Sí, deposité dinero en mi cuenta de ahorros y en mi cuenta corriente. Después pedí un préstamo, pero no me lo dieron.
MAMÁ	Tu papá tampoco consiguió el préstamo que pidió... ¡Qué mala suerte!
EDWIN	Después compré dos peces de colores para Martita pero... murieron... Creo que les di demasiada comida.
MAMÁ	Probablemente. ¿Compraste el regalo para tu novia?
EDWIN	Sí, pero no se lo di.
MAMÁ	¿Por qué no? Le compraste un diccionario, ¿no? Un buen regalo para una chica que estudia para maestra...
EDWIN	Sí, pero su ex novio le regaló una enciclopedia. En fin... fui a la florería y le compré un ramo de rosas.
MAMÁ	¡Perfecto! Estoy segura de que le encantaron.
EDWIN	Bueno... desgraciadamente es alérgica a las flores...
MAMÁ	¡Ay, Edwin! ¡Qué desastre!
EDWIN	¡Eso no es todo! Ahora tengo que ahorrar dinero para comprar una motocicleta.
MAMÁ	Pero tú tienes una moto casi nueva...
EDWIN	¡Se la presté a Raúl y se la robaron!
MAMÁ	¡Ay, bendito! ¡Ya sé por qué ocurrió todo eso! ¡Ayer fue martes 13!
EDWIN	Ay, mamá... yo no soy supersticioso... ¡Pero el próximo martes 13 no salgo de casa!

A. Preguntas y respuestas You will now hear questions about the dialogue. Answer each one, omitting the subject. The speaker will confirm your response. Repeat the correct response.

B. Situaciones The speaker will present several situations based on the dialogue. Respond appropriately in Spanish to each situation. The speaker will confirm your response. Repeat the correct response. Follow the model.

MODELO: You tell your friend that he shouldn't park his motorcycle in front of a fire hydrant.
No debes estacionar tu motocicleta delante de una boca de incendios.

Pronunciación

A. *The sound of the Spanish* **l**

- Repeat each word, imitating the speaker's pronunciation.

Emilio	Silvia	sólo
mala	helado	regalo
capital	él	flores

- When you hear the number, read the corresponding sentence aloud. Then listen to the speaker and repeat the sentence.
  1. Aníbal habla español con Isabel.
  2. El coronel Maldonado asaltó con mil soldados.
  3. El libro de Ángel está en el laboratorio.

B. *The sound of the Spanish* **r**

- Repeat each word, imitating the speaker's pronunciation.

loro	ahora	tarde
dejar	Teresa	canario
fechar	Ariel	gratis

- When you hear the number, read the corresponding sentence aloud. Then listen to the speaker and repeat the sentence.
  1. Es preferible esperar hasta enero.
  2. Carolina quiere estudiar con Darío ahora.
  3. Aurora y Mirta son extranjeras.

C. *The sound of the Spanish* **rr**

- Repeat each word, imitating the speaker's pronunciation.

regalo	rosa	Reyes
rico	Rita	Roberto
ramo	Raúl	robar

- When you hear the number, read the corresponding sentence aloud. Then listen to the speaker and repeat the sentence.
  1. El perro corrió en el barro.
  2. Los carros del ferrocarril parecen cigarros.
  3. Roberto y Rita recogen rosas rojas.

D. *The sound of the Spanish* **z**

- Repeat each word, imitating the speaker's pronunciation.

pizarra	vez	Pérez
Zulema	zoológico	taza
lápiz	mozo	azul

- When you hear the number, read the corresponding sentence aloud. Then listen to the speaker and repeat the sentence.
    1. Zulema y el Zorro me dieron una paliza.
    2. ¡Zas! El zonzo Pérez fue al zoológico.
    3. La tiza y la taza están en el zapato.

Estructuras

A. Direct and indirect object pronouns used together I Rephrase each sentence you hear by replacing the direct object with the corresponding direct object pronoun. Be sure to make any other necessary changes. The speaker will confirm your response. Repeat the correct response. Follow the model.

> MODELO: Le traen la libreta de ahorros.
> **Se la traen.**

B. Direct and indirect object pronouns used together II Answer each question you hear, using direct and indirect object pronouns and the cue provided. The speaker will confirm your response. Repeat the correct response. Follow the model.

> MODELO: ¿Quién te manda el periódico? (mi hijo)
> **Me lo manda mi hijo.**

1. (mi abuela)
2. (el profesor)
3. (a mi prima)
4. (a mí)
5. (a ti)
6. (a los muchachos)

C. Preterit of *ser*, *ir*, and *dar* Rephrase each sentence you hear, changing the verb to the preterit. The speaker will confirm your response. Repeat the correct response. Follow the model.

> MODELO: Yo voy al banco.
> **Yo fui al banco.**

D. Preterit of *e:i* and *o:u* stem-changing verbs Answer each question your hear in the negative, and then state that your friend did the things you are being asked about. The speaker will confirm your response. Repeat the correct response. Follow the model.

> MODELO: Tú lo pediste, ¿no?
> **No, yo no lo pedí. Lo pidió ella.**

1. Tú lo conseguiste, ¿no?
2. Tú la serviste, ¿no?
3. Tú lo repetiste, ¿no?
4. Tú me seguiste, ¿no?

Now listen to the new model.

> MODELO: Uds. pidieron el café, ¿no?
> **No, nosotros no lo pedimos. Lo pidieron ellos.**

5. Uds. sirvieron la cena, ¿no?
6. Uds. repitieron la lección, ¿no?
7. Uds. siguieron a José, ¿no?
8. Uds. consiguieron los peces, ¿no?

E. Uses of *por* and *para* Answer each question you hear, using the cue provided. Pay special attention to the use of **por** or **para** in each question. The speaker will confirm your response. Repeat the correct response. Follow the model.

> MODELO: ¿Para quién es el dinero? (Rita)
> **El dinero es para Rita.**

1. (el lunes)
2. (sí)
3. (quince días)
4. (quinientos dólares)

5. (sí)
6. (dinero)
7. (mañana por la mañana)
8. (un reloj)

Más práctica

A. Dibujos (*Drawings*) You will hear three statements about each drawing. Choose the letter of the statement that best corresponds to the drawing. The speaker will verify your response.

1.

a b c

2.

a b c

3.

a b c

4.

a b c

5.
a b c

B. Unos diálogos breves Before listening to the dialogues in this section, study the comprehension questions below. Reviewing the questions ahead of time will help you to remember key information as you listen. Then listen carefully to the dialogues and answer each question, omitting the subject. The speaker will confirm your response. Repeat the correct answer.

1. ¿Qué les pasó a los peces de colores?
2. ¿Anita les dio mucha comida?
3. ¿Qué les dio Anita?
4. ¿Qué le compró Dora a Paco?
5. ¿Qué quiere Paco?
6. ¿Qué dice Dora de los monos?
7. ¿Por qué no le puede comprar un gato?

C. Para contestar Answer the questions you hear, using the cues provided. The speaker will confirm your answers. Repeat the correct answer.

1. (banco)
2. (muchas diligencias)
3. (a las diez)
4. (sí)
5. (no, a plazos)
6. (sí, con Ana)
7. (no / gratis)
8. (no / tarjeta de crédito)
9. (los pantalones)
10. (no)

D. Tome nota You will hear two friends talking. First listen carefully for general comprehension. Then, as you listen for a second time, fill in the information requested.

Nombre de la florería: _____

Para la mamá:

    Flores: _____

    Ocasión: _____

Para su esposa:

    Flores: _____

    Ocasión: _____

Para Julia:

    Flores: _____

    Ocasión: _____

E. Dictado The speaker will read six sentences. Each sentence will be read twice. After the first reading, write what you heard. After the second reading, check your work and fill in what you missed.

1. _____

2. _____

3. _____

4. _____

5. _____

6. _____

Hasta ahora... Una prueba

Let's combine the structure and the vocabulary learned in **Lecciones 7** and **8**. How much can you remember?

A. Complete the following exchanges, using the preterit of the verbs given.

1. —¿Adónde ____fuimos____ (ir) ustedes ayer?

   —____fuimos____ (Ir) al cine. Después, Carlos ____llevó____ (llevar) a José al

   parque. ¿Y tú? ¿____almorzaste____ (Almorzar) con tu mamá?

   —Sí, ____almorcé____ (almorzar) con ella.

   —¿Qué ____comieron____ (comer) (ustedes)?

   —Yo ____pedí____ (pedir) biftec y ella ____pidió____ (pedir) pescado.

2. —¿Tú ____fuiste____ (ser) estudiante de la Dra. Peña?

   —Sí, ella ____fue____ (ser) mi profesora el año pasado. Me ____di____ (dar)

   una "A". Yo ____aprendí____ (aprender) mucho en su clase.

   —¿Tú ____escribiste____ (escribir) el informe para la clase de francés?

   —No, desgraciadamente mi hermano no me ____consegui____ (conseguir) el libro que (yo)

   le ____pedí____ (pedir).

3. —¿Cómo ____durmió____ (dormir) usted anoche, señora?

   —No muy bien. (Yo) ____trabajé____ (trabajar) hasta muy tarde y ____llegué____

   (llegar) a mi casa a las diez. Esta mañana, mi hija me ____sirvió____ (servir) el

   desayuno en la cama. ¡Yo le ____di____ (dar) un abrazo!

B. Answer the following questions, using the cues provided. Whenever possible, substitute direct object pronouns for the direct objects.

1. ¿Qué les gusta hacer a ustedes los sábados? (ir a bailar)

   ____me gusto ir a bailar.____

2. En un hotel, ¿te gusta más estar en el primer piso o en el décimo piso? (en el décimo piso)

   ____me gustó estar en el décimo piso.____

143

3. ¿Qué les vas a mandar a tus amigos? (una tarjeta postal)

me les voy mande una tarjeta post

4. ¿Cuánto tiempo hace que conoces a tu mejor amigo? (cuatro años)

yo conocí cuatro años

5. ¿Cuándo puedes traerme el libro que te pedí? (mañana)

yo traerte puedi mañana

6. ¿Tú puedes darle las flores a tu abuela? (sí)

Si yo le dí

7. ¿Tú le diste el diccionario a tu amigo? (no)

No yo te le dí

8. ¿Cuándo te pidió tu amigo la motocicleta? (anteayer)

yo pedí la motocicleta anteayer.

9. ¿Qué nos vas a traer de la florería? (un ramo de rosas)

Nosotros vamos atraer un ramo de rosas

10. ¿Qué le dieron ustedes a su padre? (una maleta)

yo se le dí una maleta.

C. Arrange this vocabulary in groups of three, according to categories.

cuenta corriente	desayuno	maleta	contador	piscina
con tarjeta de crédito	pensamiento	televisor	escalera	cena
desgraciadamente	confirmar	estacionar	lavabo	conejo
desafortunadamente	ducha	maestro	elevador	bañadera
hacer reservación	por desgracia	viajar	clavel	
pasar una película	en efectivo	almuerzo	ayer	
estar de vacaciones	tortuga	alberca	nadar	
con cheque de viajero	equipaje	aparcar	banco	
hombre de negocios	valija	anteayer	anoche	
tarjeta de turista	margarita	cancelar	canal	
cuenta de ahorros	parquear	ascensor	mono	

1. *desayuno*   *cena*   *almuerzo*

2. *nadar*   *piscina*

3. *valija*   *maleta*   *equipaje*

4. *Anoche*   *ayer*   *anteayer*

5. *ducha*   *lavabo*

6. margarita   pensamiento   clavel
7. con tarjeta de credito   tarjeta de turista
8. Cuenta corriente   Cuenta de ahorros   banco
9. canal   televisor   pasar una pelicula
10. paraquear   estacionar   aparcar
11. viajar   estar de vacaciones
12. ~~tortuga~~   mono   conejo
13. cancelar   confirmar   hacer reservacion
14. maestro   contador   bañadera
15. _____   _____   _____
16. _____   _____   _____

Un paso más

A. Read the ad for the Hotel La Torre, and then answer the questions that follow.

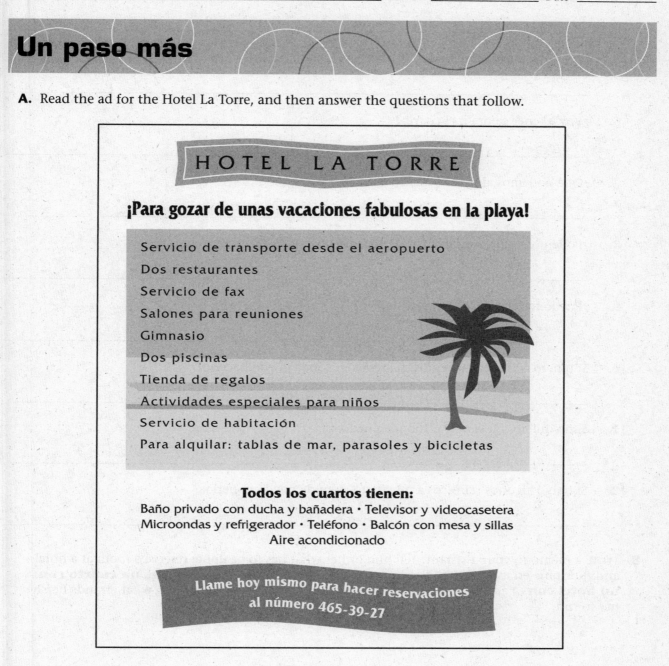

1. ¿Dónde está el hotel La Torre?

    _____

2. ¿Por qué no necesitamos tener coche (*car*) para ir desde el aeropuerto al hotel?

    _____

3. ¿A qué número tenemos que llamar para hacer reservaciones?

    _____

4. ¿Podemos mirar la tele en nuestro cuarto?

_____

5. ¿Puedo llamar a alguien desde mi cuarto?

_____

6. ¿Voy a tener calor en el cuarto?

_____

7. ¿Qué podemos alquilar (*rent*) en el hotel?

_____

8. ¿Podemos comer en nuestro cuarto si no queremos ir a un restaurante?

_____

9. ¿Puedo hacer ejercicio en el hotel?

_____

10. Si quiero comprar recuerdos (*souvenirs*), ¿dónde puedo hacerlo?

_____

11. Si no quiero ir a la playa, ¿dónde puedo nadar?

_____

12. Si traigo algunos refrescos a mi cuarto, ¿dónde puedo ponerlos?

_____

B. Write a memo to your assistant. Tell him or her what has to be done: reserve a room at a hotel and run some errands. Tell him or her what accommodations you want (*e.g.*, **un cuarto con**..., **un hotel con**...) and how long you're going to be there. Tell him/her also what errands he/she has to run.

Lección 9

Workbook Activities

Estructuras

A. Reflexive constructions This is my daily routine. Rewrite it twice, changing the subject **yo** first to **tú** and then to **él**.

Yo me despierto a las seis de la mañana y me levanto a las seis y cuarto. Me baño, me lavo la cabeza, me afeito y me visto. A las siete y media me voy a trabajar. Trabajo hasta las cinco y luego vuelvo a casa. No me preocupo si llego tarde. Leo un rato y luego como con mi familia. Siempre me acuesto a las diez pero no me duermo hasta las once porque miro las noticias (*news*).

Tú _despertarte_ te despertaste a las seis de la mañana y te levantaste a la seis y cuatro. Te bañaste, te lavaste la cabeza, te afeitaste y te vistaste. A las siete y media te fuiste a trabajar. Trabajaste hasta las cinco y luego te volviste a casa. No te preocupaste si llegaste tarde. Leeste un rato y luegaste comó con mi familia. Siempre te acostaste a las diez pero no te dormiste hasta las once porque miraste la noticias.

Él se despertó a las seis de la mañana y se levantó a la seis y cuatro. Se bañó, se lavó la cabeza, se afeitó y se vistó. A las siete y media se fué a trabajar. Trabajó hasta las cinco y luego volvió a casa. No se preocupó si llegó tarde. Leyó un rato y luego como con mi familia. Siempre se acostó a las diez pero no se durmó hasta las once porque miró las noticias

B. Review of personal pronouns Complete the following dialogues, using the appropriate subject and object pronouns.

1. —Alicia, ¿_____ quieres ir al banco hoy?

   —No, _____ estoy muy ocupada hoy. Teresa puede ir con_____.

   —_____ voy a llamar por teléfono y _____ voy a decir que tiene que ir

   con_____.

2. —¿A qué hora _____ levantaron Uds. hoy?

   —_____ levantamos a las seis. ¿Y tú?

   —_____ _____ levanté a las ocho.

   —¿_____ escribiste a tus padres hoy?

   —No, pero _____ llamé por teléfono.

3. —¿Para quién es el regalo? ¿Es para mí?

   —Sí, es para _____. ¿_____ gusta?

   —Sí, _____ gusta mucho. Gracias. Oye, ¿a quién _____ vas a dar el reloj?

   —_____ _____ voy a dar a mi hermano.

   —_____ va a gustar mucho.

4. —¿A Ud. _____ gusta esta mesa, señora?

   —Sí, pero no _____ voy a comprar, porque es muy cara. Yo _____ tengo

   que mandar dinero a mi hijo.

   —¿Dondé está _____?

   —En Santo Domingo.

5. —¿Quién _____ va a llevar a Uds. a la fiesta?

   —_____ va a llevar Carmen. Oye, ¿Hugo _____ llamó hoy? Quiere

   hablar contigo.

   —Sí, _____ llamó esta mañana. _____ voy a ver esta noche.

C. Some uses of the definite article These are comments that people make. Complete them, using the Spanish equivalent of the words in parentheses.

1. Anita, tienes que _____. (*wash your hands*)

2. _____ es más importante que _____. (*Liberty / money*)

3. Ella dice que _____ son más inteligentes que _____. (*women / men*)

4. Ellos se van a poner _____. (*their white shirts*)

5. Tienes que lavarte _____. (*your hair*)

6. No me gusta _____; prefiero _____. (*wine / soft drinks*)

7. _____ va a _____ con nosotros. (*Mr. Mena /*

   church)

8. Nosotros tenemos clases _____ a _____. (*on Mondays / nine*)

D. Possessive pronouns I Everyone went shopping and Nora wants to know to whom things belong. Answer her questions, using the appropriate possessive pronouns.

      MODELO: ¿Teresa compró este libro?
                  Sí, es suyo.

1. ¿Tú compraste estas camisas?

   _____

2. ¿Yo compré esta revista? (*Use* **tú** *form*)

   _____

3. ¿Roberto compró estos diccionarios?

   _____

4. ¿Tú y yo compramos este reloj?

   _____

5. ¿Amalia compró esta mochila?

   _____

E. Possessive pronouns II To make comparisons, complete the following with the Spanish equivalent of the words in parentheses.

1. Mi novio es muy guapo. ¿Cómo es _____, Anita? (*yours*)

2. La casa de Olga queda lejos, pero _____ queda muy cerca. (*his*) (*Clarify!*)

3. Los hermanos de Graciela viven en Santo Domingo. _____ viven en

   La Habana. (*Mine*)

4. La profesora de ellos es de Chile. _____ es de Cuba. (*Ours*)

5. Las maletas de Jorge son azules. _____ son verdes. (*Mine*)

6. Mi hermano vive en Venezuela. ¿Dónde vive _____, Sr. Mendoza? (*yours*)

F. Irregular preterits Indicate what everybody did last week by using the preterit of the verbs in parentheses.

1. —¿Ustedes _____ (traer) la cama?

   —Sí, la _____ (traer) y la _____ (poner) en tu cuarto.

2. —¿Qué _____ (hacer) tú el sábado pasado?

   —(Yo) _____ (estar) en casa de Luis toda la tarde.

3. —¿Tú _____ (poder) ir a la tintorería?

   —No, porque no _____ (tener) tiempo.

4. —¿Roberto _____ (venir) a verte?

   —Sí, y yo no _____ (saber) qué decirle.

5. —¿Sergio _____ (pedir) un préstamo en el banco?

   —No, no _____ (querer) pedirlo.

6. —¿Qué _____ (decir) ustedes cuando llegó tu tío?

   —No _____ (decir) nada.

7. —¿Qué auto _____ (conducir) tú?

   —Yo _____ (conducir) el auto de Tito.

8. —¿Uds. _____ (traducir) los documentos?

   —No, nosotros no los _____ (traducir).

G. *Hace...* meaning *ago* How long ago did all this happen? Use the information given to indicate it.

> MODELO: Estamos en marzo. Yo vine a esta ciudad en septiembre.
> **Hace seis meses que yo vine a esta ciudad.**

1. Son las cinco. Ellos llegaron a la una.

   _____

2. Estamos en el año 2009. Jorge empezó a trabajar en el año 2004.

   _____

3. Hoy es sábado. Mis hijos vinieron el martes.

   _____

4. Es la una. Teresa me llamó a la una menos cuarto.

    _____

5. Estamos en octubre. Nosotros volvimos de Lima en septiembre.

    _____

H. Situaciones You find yourself in the following situations. What do you say?

1. You ask a friend what time he generally gets up and what time he went to bed last night.

    _____

2. You ask Mrs. López how long ago her husband passed away and when she came to live with her children.

    _____

3. You ask your roommate if he/she brought the fish and whether he/she put it in the refrigerator.

    _____

4. You tell someone where your father spent his childhood.

    _____

5. You are picking up a friend to go out. Ask her if she can bathe and get dressed in twenty minutes.

    _____

I. Crucigrama

Horizontal

3. fruta cítrica
5. celebrar
8. opuesto de **olvidarse**
11. Necesitamos papel _____ para el baño.
13. lugar donde compramos carne
14. Cuba, por ejemplo
16. banana
17. de modo que: de _____ que

Vertical

1. opuesto de **tarde**
2. ¿Quieres _____ o margarina?
4. Necesitamos _____ y vinagre.
6. lugar donde compramos pan
7. durazno
9. opuesto de **levantarse**
10. instrumento musical
12. lugar donde compramos medicinas
14. lugar donde compramos pescado
15. lugar donde compramos zapatos

J. ¿Qué pasa aquí? Look at the illustrations and answer the following questions.

1. ¿Nora se levantó tarde o temprano?

   _____

2. ¿A Nora le gusta levantarse temprano?

   _____

3. ¿Con qué champú se lavó Nora la cabeza?

   _____

4. ¿A qué tienda fue Nora?

   _____

5. ¿Qué le compró Nora a su tía?

   _____

6. ¿A qué hora volvió Nora a su casa?

   _____

7. ¿Qué compró Nora además del regalo?

   _____

8. ¿Con quién almorzó Nora?

   _____

9. ¿Nora barrió la sala?

   _____

10. ¿Cómo se llama el perro de Nora?

    _____

11. ¿Para qué fue Nora a la casa de su tía Rosa?

    _____

12. ¿A qué hora se acostó Nora?

    _____

Para leer

Todos los días...

Yo siempre me levanto temprano porque tengo que estar en la universidad
a las ocho de la mañana. Me despierto a las seis y media y, después de
bañarme, afeitarme y vestirme, desayuno. Me siento en la cocina y estudio;
salgo para la universidad a las siete y media. No llego tarde porque mi
profesor de matemáticas es muy estricto.

Tengo clase por la mañana, y por la tarde voy a la biblioteca a estudiar.
A veces° me duermo leyendo algunos de mis libros.

Vuelvo a casa a las cinco. Me desvisto, me quito los zapatos° y duermo
un rato. Cocino algo para la cena, estudio y después miro las noticias. Me
acuesto a las once y media.

Los fines de semana, mis amigos y yo generalmente vamos a una
discoteca porque nos gusta mucho bailar.

At times
shoes

¡Conteste! Answer the following questions based on the reading.

1. ¿Por qué me levanto siempre temprano? (**tú** *form*)

   _____

2. ¿A qué hora me despierto?

   _____

3. ¿Qué hago después de bañarme, afeitarme y vestirme?

   _____

4.   ¿Qué hago en la cocina?

_____

5.   ¿A qué hora salgo para la universidad?

_____

6.   ¿Por qué no llego tarde?

_____

7.   ¿Cuándo tengo clases?

_____

8.   ¿Qué hago por la tarde?

_____

9.   ¿Qué pasa a veces en la biblioteca?

_____

10.   ¿A qué hora vuelvo a casa?

_____

11.   ¿Qué hago cuando vuelvo a casa?

_____

12.   ¿Qué hago después de dormir un rato?

_____

13.   ¿A qué hora me acuesto?

_____

14.   ¿Adónde voy generalmente los fines de semana?

_____

Complete the following charts.

Cuba

Capital: _____

Productos de exportación: _____, _____,

_____ y _____

Principales fuentes de ingreso: _____ y _____

Fortalezas importantes: _____ y _____

Famosos cantantes cubanos: _____, _____ y

_____

Deporte más popular: _____

Famosos "peloteros" cubanos: _____ y _____

Escritores de fama internacional: _____, _____ y

_____

República Dominicana

Capital: _____

País que ocupa parte de la isla: _____

Base de la economía: _____

Principales centros turísticos: _____ y _____

Música típica del país: _____

Deporte más popular: _____

Famoso jugador dominicano: _____

Catedral más antigua del continente americano: _____

Laboratory Activities

Diálogo

"Guantanamera" Listen to the dialogue twice, paying close attention to the speakers' intonation and pronunciation patterns. First, listen to the entire dialogue; then, as you listen for a second time, pause the recording after each sentence and repeat after the speaker.

En el mar Caribe hay una isla que comparten dos países: Haití y la República Dominicana. La capital de la República Dominicana es Santo Domingo. A esta ciudad llegaron muchos cubanos hace muchos años, después de la revolución castrista. Entre ellos, vinieron Rogelio Peña, su esposa Isabel y sus hijos, César y Graciela.

La esposa de don Rogelio falleció hace tres años, de modo que él vive con su hija, su yerno, y sus nietos, Mario y Magali. Hoy don Rogelio cumple setenta años y su familia está preparando una cena para festejar su cumpleaños.

GRACIELA	Magali, ¿trajiste el arroz y los frijoles para preparar el congrí? Tu tío César va a hacer el lechón asado.
MAGALI	Sí, y traje lechuga, tomates, cebollas, pepinos y zanahorias para la ensalada. Lo puse todo en el refrigerador.
GRACIELA	¿Y tú, Mario? ¿Qué hiciste?
MARIO	Yo tuve que levantarme muy temprano para ir a la pescadería para comprar un pargo, el pescado que le gusta a abuelo.
MAGALI	¡Ay, pobrecito! Yo me levanté a las cinco, a pesar de que anoche no me acosté hasta las once.
MARIO	Porque estuviste hablando con Ramón hasta muy tarde... ¡Ah! ¿Te acordaste de comprar las frutas para la ensalada? Necesito naranjas, mangos, plátanos, manzanas y uvas. Es mi receta especial.
MAGALI	Es la receta de la señora Torales...
MARIO	¡Pero yo la mejoré! Yo le pongo azúcar, y la sirvo con crema...
MAGALI	¡Ay, caramba! Me olvidé de comprar café, dulce de leche, pan y mantequilla, y leche para el flan.
GRACIELA	Y dos latas de salsa de tomate... Aquí tengo mi lista.
MAGALI	Yo dejé la mía en el supermercado. Mamá, ¿a qué hora es la cena?
GRACIELA	A las ocho. ¡Ay! Todavía tengo que bañarme, lavarme la cabeza y vestirme.
MAGALI	Yo también. Oye... ¿dónde está abuelo? Voy a ver si está en su cuarto.

En el cuarto de don Rogelio

MAGALI	¿Qué estás haciendo, abuelo?
DON ROGELIO	Estoy leyendo unos poemas de José Martí.
MAGALI	Extrañas Cuba, ¿verdad?
DON ROGELIO	Mucho... Extraño los lugares donde pasé mi infancia y mi juventud. La Habana, Camagüey... Pinar del Río...
MAGALI	Abuelo, ¿por qué no tocas la guitarra y cantamos nuestra canción favorita?

Don Rogelio toma su guitarra y los dos cantan.

> Yo soy un hombre sincero,
> de donde crece la palma...

A. Preguntas y respuestas You will now hear questions about the dialogue. Answer each one, omitting the subject. The speaker will confirm your response. Repeat the correct response.

B. Situaciones The speaker will present several situations based on the dialogue. Respond appropriately in Spanish to each situation. The speaker will confirm your response. Repeat the correct response. Follow the model.

MODELO: You ask a little girl what her father's name is.
¿Cómo se llama tu papá?

Pronunciación

A. *Declarative statements*

- Repeat each sentence, imitating the speaker's intonation.

  1. Yo compré el regalo para Elena.

  2. Mario tiene listo el equipaje.

  3. Yo tengo turno en la barbería.

  4. Necesitamos el dinero para el pasaje.

  5. Yo pienso aprender japonés este verano.

B. *Information questions*

- Repeat each sentence, imitating the speaker's intonation.

  1. ¿Cómo está tu hermano?

  2. ¿Por qué no fuiste con nosotros?

  3. ¿Cuánto tiempo hace que no comes?

  4. ¿Dónde pasaron el verano?

  5. ¿Cuántos años hace que estudias?

C. *Yes/no questions*

- Repeat each sentence, imitating the speaker's intonation.

1. ¿Fuiste al mercado ayer?

2. ¿Tienes listo el equipaje?

3. ¿Le diste el regalo a Elena?

4. ¿Tienes turno para la peluquería?

5. ¿Necesitas dinero para el pasaje?

D. *Exclamations*

- Repeat each sentence, imitating the speaker's intonation.

1. ¡Qué bonita es esa alfombra!

2. ¡No compré el regalo para Elena!

3. ¡Qué bueno es este champú!

4. ¡Cuánto te quiero!

Estructuras

A. Reflexive constructions Answer the following questions, using the cues provided. The speaker will confirm your response. Repeat the correct response. Follow the model.

> MODELO: ¿A qué hora te levantas tú generalmente? (a las seis)
> **Generalmente me levanto a las seis.**

1. (a las ocho)
2. (a las once)
3. (por la mañana)
4. (sí)
5. (por la mañana)
6. (con el champú Prell)
7. (no)

B. Some uses of the definite article Answer each question you hear in the affirmative, paying special attention to the use of the definite article. The speaker will confirm your response. Repeat the correct response. Follow the model.

> MODELO: ¿Te vas a lavar la cabeza?
> **Sí, me voy a lavar la cabeza.**

C. Possessive pronouns Answer each question you hear in the negative, using the appropriate possessive pronoun. The speaker will confirm your response. Repeat the correct response. Follow the model.

> MODELO: ¿Este libro es tuyo?
> **No, no es mío.**

D. Irregular preterits Answer the following questions, using the cues provided. Substitute direct objects with direct object pronouns when possible. The speaker will confirm your response. Repeat the correct response. Follow the model.

> MODELO: ¿Quién tradujo la lección? (Isabel y Eva)
> **Isabel y Eva la tradujeron.**

1. (yo)
2. (en el refrigerador)
3. (conmigo)
4. (nosotros)
5. (no)
6. (en el banco)
7. (sí)
8. (Estela)
9. (nada)
10. (en la farmacia)

E. *Hace* meaning *ago* Answer each question you hear, using the cues provided. The speaker will confirm your response. Repeat the correct response. Follow the model.

> MODELO: ¿Cuánto tiempo hace que empezaste a estudiar español?
> **Hace seis meses que empecé a estudiar español.**

1. (veinte minutos)
2. (tres semanas)
3. (un mes)
4. (un año)
5. (una hora)

Más práctica

A. Dibujos (*Drawings*) You will now hear three statements about each drawing. Choose the letter of the statement that best corresponds to the drawing. The speaker will verify your response.

1.

   a   b   c

2.

   a   b   c

3.

   a   b   c

4. a   b   c

5. a   b   c

B. Unos diálogos breves Before listening to the dialogues in this section, study the comprehension questions below. Reviewing the questions ahead of time will help you to remember key information as you listen. Then listen carefully to the dialogues and answer each question, omitting the subject. The speaker will confirm your response. Repeat the correct answer.

1. ¿A qué hora se levantó Celia hoy?
2. ¿Por qué se levantó tan tarde?
3. ¿Adónde fue?
4. ¿Qué trajo?
5. ¿Adónde fue Amalia?
6. ¿Qué frutas trajo?
7. ¿Trajo melocotones?
8. ¿Por qué no trajo melocotones?
9. ¿Cuándo es el cumpleaños de Oscar?
10. ¿Lucía le trajo el regalo?
11. ¿Lucía pudo comprar el regalo?
12. ¿Qué tuvo que hacer Lucía ayer?

C. Para contestar Answer the questions you hear, using the cues provided. The speaker will confirm your answers. Repeat the correct answer.

1. (veinte)
2. (no)
3. (lechuga y tomate)
4. (ir a la panadería)
5. (cebolla)

6. (sí)
7. (sí)
8. (crema y azúcar)
9. (sí)
10. (no)

D. Tome nota You will hear a conversation between two roommates as they discuss what they are going to buy at the supermarket. First listen carefully for general comprehension. Then, as you listen for a second time, fill in the shopping list.

Frutas	Verduras	Carnes	Otros
1. _____	1. _____	1. _____	1. _____
2. _____	2. _____	2. _____	2. _____
3. _____	3. _____	3. _____	3. _____
4. _____	4. _____		4. _____
5. _____	5. _____		5. _____

E. Dictado The speaker will read six sentences. Each sentence will be read twice. After the first reading, write what you heard. After the second reading, check your work and fill in what you missed.

1. _____

2. _____

3. _____

4. _____

5. _____

6. _____

Workbook Activities

Estructuras

A. The imperfect I Complete the following chart with the corresponding forms of the imperfect.

Infinitive	yo	tú	Ud., él, ella	nosotros	Uds., ellos, ellas
1. prestar	prestaba	prestabas	prestaba	prestabamos	prestablan
2. terminar	terminaba	terminabas	terminaba	terminabamos	terminaban
3. devolver	devolvia	devolvías	devolvia	devolviamos	derolvian
4. Nadar	nadaba	nadabas	nadaba	nad	
5.				leíamos	
6.					salían

B. The imperfect: Irregular verbs What did these people do as children? Complete the following sentences according to each new subject.

Cuando yo era niño, iba a la playa y veía a mis amigos.

1. Cuando tú ___ibas___ niño, ___iba___ a la montaña y ___veía___ a tus abuelos.

2. Cuando Luis ___era___ niño, ___iba___ al campo y ___veía___ a sus tíos.

3. Cuando él y yo ~~Aose~~ eramos niños, ___ibamos___ al zoológico y ___veíamos___ los elefantes.

4. Cuando ellos ___eran___ niños, ___iban___ a Caracas y ___veían___ a sus primos.

C. The imperfect II Sandra is describing her childhood. Use the imperfect of the verbs in parentheses to complete her story.

Cuando mi hermano y yo _____éramos_____ (ser) niños,

_____ (vivir) cerca de la playa y todos los fines de semana

_____ (ir) a nadar. Nos _____ (gustar)

mucho ir a los partidos de fútbol y siempre lo _____ (pasar) muy

bien. Nuestros abuelos _____ (vivir) lejos y nosotros no los

_____ (ver) frecuentemente, pero los _____ (visitar)

todos los veranos. Siempre _____ (comer) mucho porque mi abuela

_____ (cocinar) muy bien. Nuestro padre _____ (viajar)

mucho y siempre nos _____ (traer) regalos cuando

_____ (volver) de sus viajes.

D. The preterit contrasted with the imperfect I How do you view these actions or events? Complete each sentence with the preterit or the imperfect of the verbs in parentheses.

1. Yo _____fui_____ (ir) a la piscina anoche. (*reporting an act viewed as completed*)

2. Yo _____iba_____ (ir) a la piscina cuando _____veí_____ (ver) a José. (**ir**: *describing an action in progress in the past*; **ver**: *reporting an action viewed as completed*)

3. Ayer ella _____estaba_____ (estar) muy enferma todo el día. (*summing up a condition viewed as a whole*)

4. Ella _____estaba_____ (estar) muy cansada. (*describing a condition in the past*)

5. Yo _____fui_____ (ir) a la tienda el sábado pasado. (*reporting an act viewed as completed*)

6. Yo _____iba_____ (ir) a la tienda todos los sábados. (*indicating a habitual action*)

7. Susana _____Dijo_____ (decir) que _____necesitaba_____ (necesitar) un coche. (**decir**: *reporting an act viewed as completed*; **necesitar**: *indirect discourse*)

8. _____Fue_____ (Ser) las nueve de la noche cuando él _____llego_____ (llegar) anoche. (**ser**: *time in the past*; **llegar**: *reporting an act viewed as completed*)

E. The preterit contrasted with the imperfect II Complete the following paragraph about Eva and her family. Use the preterit or the imperfect of the verbs in parentheses.

Cuando Eva _____eRia_____ (ser) niña _____vivia_____ (vivir) en

Caracas. Todos los fines de semana _____iba a_____ (ir) al cine o al parque de

diversiones con sus amigos. Cuando Eva _____tenia_____ (tener) doce años, sus

padres _____decidieron_____ (decidir) ir de vacaciones a la isla Margarita. Ella no

_____Sabía_____ (saber) nadar, pero su papá le _____Dijo_____
(decir) que _____era_____ (ser) fácil aprender. En dos días, Eva
_____aprendio_____ (aprender) a nadar y lo _____pasaba_____ (pasar) muy
bien. Eva y su familia _____estaban_____ (estar) en la isla Margarita por dos semanas.

F. Preguntas: Eva y su familia Write eight questions about what you read in Exercise E.

1. ___Cuando Eva viria en Caraces?___
2. ___Que Eva tracia en los Fines de semana?___
3. ___Que pasol Cuando tenia doce anos?___
4. ___Que Eva no Sabia?___
5. ___Quien dijo esta facil aprender?___
6. ___Cuantos dias tome aprender a nadar?___
7. ___Cuanto tiempo ellos estaban en vacaciones?___
8. ___Que isla ellos fueron___

G. Verbs that change meaning in the preterit Juan and Diego are talking about Rafael's girlfriend and a party that Diego attended. Complete the conversations, using the verbs **querer**, **conocer**, and **saber** in the preterit or the imperfect as needed.

JUAN ¿Tú ___Conciste___ a la novia de Rafael?

DIEGO No, la ___Conocio___ anoche en la fiesta.

JUAN ¿Tú ___Supiste___ que ella era venezolana?

DIEGO No, lo ___Sabia___ cuando hablé con ella y me lo dijo. Oye, ¿por qué no fuiste a la fiesta?

JUAN Porque mi novia no ___quiso___ ir. Prefirió ir al cine.

DIEGO Yo tampoco ___quise___ ir porque estaba cansado, pero fui y lo pasé muy bien.

H. The relative pronouns *que* and *quien* Sara and her husband are going to rent an apartment and are now discussing details. Complete the conversation, using **que**, **quien**, or **quienes** as needed.

SARA Ayer hablé con la señora _____ vende los muebles _____

necesitamos para la sala.

HÉCTOR Y yo hablé con los hombres _____ nos van a ayudar a mudarnos.

SARA Ah, ¿ésos son los hombres de _____ te habló papá?

HÉCTOR Sí. Oye, una chica con _____ yo trabajo quiere vender un ventilador. Yo creo que debemos comprarlo.

SARA Sí, porque el ventilador _____ nosotros tenemos no funciona.

I. Situaciones You find yourself in the following situations. What do you say?

1. You ask Mr. Mendoza where he lived when he was a child and what he liked to do with his friends.

   _____

   _____

2. You ask a classmate what time it was when he got home yesterday.

   _____

3. You ask an apartment manager whether the rent includes (the) electricity, (the) water and (the) phone. Ask also if there is a vacant apartment on the third floor.

   _____

   _____

4. You tell someone that you need a dresser, a night table, and a coffee table because the apartment is not furnished.

   _____

   _____

J. Crucigrama

Horizontal

4. Tiene muebles. Está _____.
5. opuesto de **lejos**
6. Compré una funda para mi _____.
7. No es un hotel; es una _____.
11. coche
12. Tiene invitación. Está _____.
13. Yo tengo que limpiar porque no tengo _____.
14. Necesito una mesa de _____.
15. No tengo _____ de dormir para ir a acampar.
16. cambiar de casa
19. metro
20. Pongo la _____ cuando tengo frío.
21. La casa tiene _____ de estar.
25. El Empire State es uno de ellos.
27. Tengo lavadora, pero no tengo _____.
28. barrio
29. silla, mesas, cama, etc.

Vertical

1. bolso
2. No tengo aire acondicionado. Tengo un _____.
3. No voy a comprar la casa; la voy a _____.
8. ¿El alquiler incluye la _____?
9. ¿Dónde está la _____? Voy a planchar.
10. Estas _____ son para mi ventana.
17. sólo
18. sillón
22. dar aviso
23. Puse el pan en el _____.
24. dar quejas
26. Necesito la _____ para hacer el café.

K. **¿Qué pasa aquí?** Look at the illustration and answer the following questions.

1. ¿En qué parte de la casa están las chicas?

   _____

2. ¿Qué muebles hay allí?

   _____

3. ¿La casa tiene calefacción o aire acondicionado?

   _____

4. ¿Las chicas necesitan un ventilador en la sala? ¿Por qué?

   _____

5. ¿Qué hay en la ventana?

   _____

6. ¿El apartamento tiene alfombra?

   _____

7. Beatriz y Lucía quieren mudarse. ¿Qué tipo de barrio busca Beatriz?

   _____

8. ¿Cuántos dormitorios quiere Beatriz?

    _____

9. ¿Por qué no quiere Lucia vivir lejos de la universidad?

    _____

10. ¿Qué tenía la familia de Julia cuando ella era chica?

    _____

Panorama hispánico

Complete the following chart.

Venezuela
Capital: _____
Otras ciudades importantes: _____, _____ y _____
Área de Venezuela: _____
Población: _____
Principal producto de exportación: _____
El lago más grande del país : _____
Principal atracción turística: _____
Nombre del Libertador de América: _____
Famoso novelista venezolano: _____
Música típica de Venezuela: _____

Lección 10

Laboratory Activities

Diálogos

Marisol se queja de todo Listen to the dialogues twice, paying close attention to the speakers' intonation and pronunciation patterns. First, listen to the entire dialogue; then, as you listen for a second time, pause the recording after each sentence and repeat after the speaker.

Silvia, Marisol y Cristina son tres chicas de Mérida, Venezuela, que vinieron a Caracas el mes pasado para asistir a la universidad. Silvia y Marisol son primas, pero ellas conocieron a Cristina cuando estaban en la escuela. Ahora están en una pensión, pero quieren mudarse a un apartamento.

SILVIA	¿Llamó Cristina?
MARISOL	Sí, y me dijo que podía encontrarse con nosotras a las tres para ver el apartamento.
SILVIA	¿Te dio la dirección?
MARISOL	Sí, aquí la tengo. Nosotras podemos ir en el metro y Hugo dijo que él iba a llevar a Cristina en su coche.
SILVIA	El apartamento tiene que estar amueblado porque no tenemos muebles.
MARISOL	Bueno... tenemos bolsas de dormir.
SILVIA	Vamos, que es tarde. ¿Dónde pusiste la llave?
MARISOL	Te la di esta mañana... ¡Ah, no! Está en mi bolso.

En el apartamento

ENCARGADO	Ésta es la sala comedor. Como ven, es muy amplia. Tiene un sofá, una mesa y cuatro sillas.
MARISOL	(*A Cristina*) Podemos tener solamente un invitado a la vez.
CRISTINA	¡Shh! Vamos a ver el resto del apartamento.
SILVIA	(*Al encargado*) ¿El alquiler incluye la electricidad, el agua y el teléfono?
ENCARGADO	No, el teléfono, no. ¿Quiere ver el cuarto de baño?
SILVIA	Sí, (*Desde el baño*)... Es muy chico...
MARISOL	¿Te acuerdas de la criada que tenían mis padres cuando nosotras éramos chicas? Su cuarto era más grande que este apartamento.
CRISTINA	Yo sé que a ti te gustó el apartamento que vimos anteayer...
MARISOL	Sí... yo no quería ver éste porque tampoco me gusta el barrio donde está y el otro estaba más cerca de la universidad. Éste está muy lejos.

Silvia viene adonde están las chicas.

SILVIA	¿No hay una cómoda en el dormitorio? Y hay solamente una mesita de noche.
MARISOL	Cuando veníamos para acá vi un edificio de apartamentos mucho mejor que éste. Y había algunos desocupados...
CRISTINA	¡Ay... Marisol! Siempre la misma. Cuando eras chica también te quejabas de todo.
SILVIA	¡Yo estoy de acuerdo con Marisol! Ahora mismo voy a escribirle a papá para tratar de convencerlo de que necesitamos más dinero.
MARISOL	¡Chévere!
ENCARGADO	Entonces, ¿no piensan alquilar el apartamento?
MARISOL	¡Le vamos a avisar...!

A. Preguntas y respuestas You will now hear questions about the dialogues. Answer each one, omitting the subject. The speaker will confirm your response. Repeat the correct response.

B. Situaciones The speaker will present several situations based on the dialogue. Respond appropriately in Spanish to each situation. The speaker will confirm your response. Repeat the correct response. Follow the model.

> MODELO: You tell your parents that you want to move to an apartment.
> **Quiero mudarme a un apartamento.**

Pronunciación

When you hear the number, read the corresponding sentence aloud. Then listen to the speaker and repeat the sentence.

1. Podemos tener solamente un invitado a la vez.
2. ¿El alquiler incluye la electricidad?
3. Tampoco me gusta el barrio donde está.
4. ¿No hay una cómoda en este dormitorio?
5. Vi un edificio de apartamentos.
6. Cuando eras chica también te quejabas.

Estructuras

A. The imperfect Repeat each sentence you hear, changing the verb to the imperfect tense. The speaker will confirm your response. Repeat the correct response. Follow the model.

> MODELO: ¿Tú trabajas?
> **¿Tú trabajabas?**

B. The preterit contrasted with the imperfect The speaker will ask several questions. Pay close attention to the use of the preterit or the imperfect in each question and respond in the appropriate tense, using the cue provided. The speaker will confirm your response. Repeat the correct response. Follow the model.

> MODELO: ¿Qué hora era? (las ocho)
> **Eran las ocho.**

1. (a las doce)
2. (estudiar)
3. (Venezuela)
4. (a las cuatro)
5. (sí)
6. (una butaca)
7. (a la tienda)
8. (ocho años)
9. (a la playa)

C. Verbs that change meaning in the preterit Answer each question you hear, using the model as a guide. The speaker will confirm your response. Repeat the correct response.

> MODELO: 1. ¿No conocías al doctor Rodríguez?
> **No, lo conocí esta mañana.**
>
> 2. ¿Sabían Uds. que él era casado?
> **Lo supimos anoche.**
>
> 3. ¿No dijiste que podías venir?
> **Sí, pero no quise.**

D. The relative pronouns *que* and *quien* Answer each question you hear, using the cue provided. The speaker will confirm your response. Repeat the correct response. Follow the model.

> MODELO: ¿Quién es María? (chica / trajo las sillas)
> **Es la chica que trajo las sillas.**

1. (muchacho / vino ayer)
2. (profesor / te hablé)
3. (muchacha / mandó el sillón)
4. (señora / llamó por teléfono)
5. (señor / vimos ayer)

Más práctica

A. Dibujos (*Drawing*) You will hear three statements about each drawing. Choose the letter of the statement that best corresponds to the drawing. The speaker will verify your response.

1.
   a b c

2.
   a b c

3.
   a b c

4.   Elsa   a   b   c

5.   Rubén   a   b   c

B. Unos diálogos breves Before listening to the dialogues in this section, study the comprehension questions below. Reviewing the questions ahead of time will help you to remember key information as you listen. Then listen carefully to the dialogues and answer each question, omitting the subject. The speaker will confirm your response. Repeat the correct answer.

1.   ¿Qué dice Alina que tienen que hacer ella y Marcos?
2.   ¿Necesitan un apartamento más pequeño?
3.   ¿Qué está leyendo Marcos?
4.   ¿En qué calle está el apartamento?
5.   ¿Cuántos dormitorios tiene?
6.   ¿Qué más tiene?
7.   ¿Cuándo pueden ir a verlo?
8.   ¿A qué hora va a estar Marcos en su casa?
9.   ¿Le gusta mucho el apartamento a Teresa?
10. ¿Está amueblado el apartamento?
11. ¿Qué les va a regalar la mamá de Teresa?
12. ¿Para qué cuarto necesitan muebles?
13. ¿Qué muebles tienen para el dormitorio?
14. ¿Tienen colchón?
15. ¿Qué necesitan hacer para poder mudarse?

C. Para contestar Answer the questions you hear, using the cues provided. The speaker will confirm your answers. Repeat the correct answer.

1.   (en la escuela)
2.   (sí)
3.   (cine)
4.   (sí)
5.   (un sofá y una butaca)
6.   (una cómoda y un tocador)
7.   (no)
8.   (muy amplia)
9.   (tres)
10. (dos)

Name _____ Section _____ Date _____

D. Tome nota You will hear a conversation between a real estate agent and a client. First listen carefully for general comprehension. Then, as you listen for a second time, fill in the agent's form.

Agencia La Cubana
Calle 8, número 325
Miami, Florida
Tel. (305) 428-6345

❏ Se vende   ❏ Casa   ❏ Amueblado(a)
❏ Se alquila   ❏ Apartamento   ❏ Sin muebles

Dirección: _____

Número de dormitorios: _____

Número de cuartos de baño: _____

❏ Sala   ❏ Calefacción
❏ Comedor   ❏ Aire acondicionado
❏ Salón de estar   ❏ Lavaplatos
❏ Jardín   ❏ Refrigerador
❏ Piscina
❏ Garaje (_____ coches)

Precio: _____

Puede verse:

                    Días _____

                    Horas _____

E. Dictado The speaker will read six sentences. Each sentence will be read twice. After the first reading, write what you heard. After the second reading, check your work and fill in what you missed.

1. _____

2. _____

3. _____

4. _____

5. _____

6. _____

Name _____ Section _____ Date _____

Hasta ahora... Una prueba

Let's combine the structure and the vocabulary from **Lecciones 9** and **10**. How much can you remember?

A. Complete the following exchanges, using the preterit or the imperfect of the verbs given.

1. —¿Qué hora _____era_____ (ser) cuando tú _____llegaste_____ (llegar) a

    casa ayer?

    —_____Eran_____ (Ser) las seis. (Yo) _____traje_____ (traer) la carne y la

    _____puse_____ (poner) en el refrigerador.

    —¿Teresa _____vino_____ (venir) contigo?

    —No, (ella) no _____quiso_____ (querer) venir.

    —¿Y Carlos?

    —Él no _____pudo_____ (poder) venir porque _____tenía_____ (tener) que

    trabajar.

2. —¿Dónde _____vivían_____ (vivir) ustedes cuando _____eran_____ (ser)

    niños?

    —En Lima, y siempre _____íbamos_____ (ir) de vacaciones a Buenos Aires. Allí

    _____veíamos_____ (ver) a nuestros amigos argentinos y lo _____pasábamos_____

    (pasar) muy bien.

    —¿Dónde _____conociste_____ (conocer) (tú) a tu esposo?

    —En la universidad; él _____era_____ (ser) muy guapo, pero muy tímido.

3. —Anoche Tito me _____dijo_____ (decir) que _____necesitaba_____ (necesitar)

    dinero.

    —¿Dónde _____viste_____ (ver) tú a Tito?

    —En el parque, cuando _____venía_____ (venir) para casa.

    —Yo no _____sabía_____ (saber) que tú _____conocías_____ (conocer) a Tito...

    —¿Y tú? ¿Qué _____hiciste_____ (hacer) anoche?

    —Nada... _____me acosté_____ (acostarse) temprano porque _____estaba_____

    (estar) muy cansada.

B. Complete the following, using the Spanish equivalent of the words in parentheses.

1. ¿Viste a la señora _____ estaba en la sala? (*who*)

2. Carlos tiene sus libros y yo tengo _____. ¿Tú tienes

   _____? (*mine / yours*)

3. Nosotros _____ en clase. (*fall asleep*)

4. Tú siempre _____ cuando ella _____

   _____. (*worry / doesn't feel well*)

5. ¿Tú _____ antes de comer? (*washed your hands*)

6. Las chicas _____ en mi cuarto. (*took off their coats*)

7. Yo voy a _____ con Adela _____.

   (*church / on Sundays*)

8. _____ conducen mejor que _____.

   (*Women / men*)

9. Eva llegó a California _____. (*four years ago*)

10. Alberto es el muchacho _____ yo bailé anoche. (*with whom*)

C. Arrange the following vocabulary in groups of three, according to categories.

manzanas	mueble	mar	carro	almohada	violín
carnicería	mudarse	bañarse	quitarse	apio	repollo
infancia	pescadería	joyería	juventud	fiesta	coche
secadora	ventilador	levantarse	ponerse	adolescente	isla
uvas	licuadora	celebrar	lavarse la cabeza	vecindad	sábana
contrabajo	lechuga	probarse	barrio	plancha	palma
despertarse	cómoda	festejar	vestirse	panadería	clarinete
naranjas	lavadora	cafetera	tocador	tostadora	funda
acostarse	automóvil	calefacción	aire acondicionado	zapatería	ferretería

1. _____ _____ _____

2. _____ _____ _____

3. _____ _____ _____

4. _____ _____ _____

5. _____ _____ _____

6. _____ _____ _____

7. _____ _____ _____

8. _____ _____ _____

9. _____   _____   _____

10. _____   _____   _____

11. _____   _____   _____

12. _____   _____   _____

13. _____   _____   _____

14. _____   _____   _____

15. _____   _____   _____

16. _____   _____   _____

17. _____   _____   _____

18. _____   _____   _____

Un paso más

A. Read the ad below, and then answer the questions that follow.

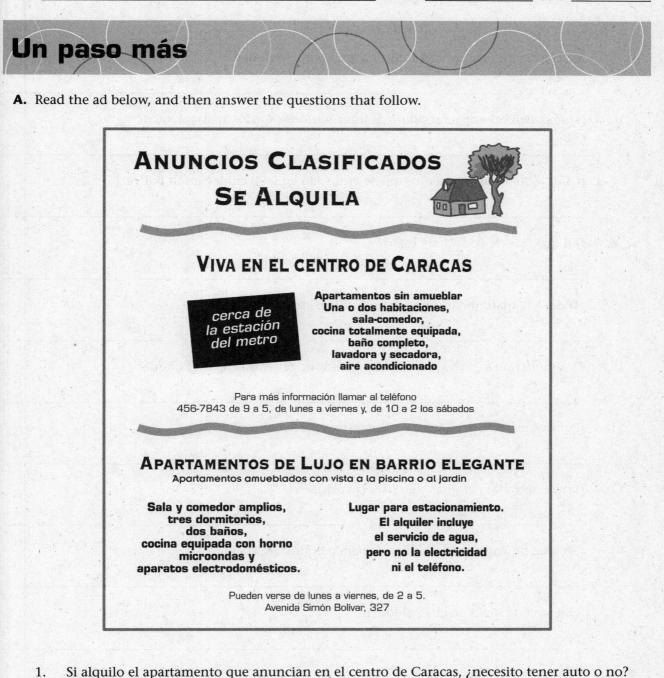

ANUNCIOS CLASIFICADOS

SE ALQUILA

VIVA EN EL CENTRO DE CARACAS

cerca de la estación del metro

Apartamentos sin amueblar
Una o dos habitaciones,
sala-comedor,
cocina totalmente equipada,
baño completo,
lavadora y secadora,
aire acondicionado

Para más información llamar al teléfono
456-7843 de 9 a 5, de lunes a viernes y, de 10 a 2 los sábados

APARTAMENTOS DE LUJO EN BARRIO ELEGANTE
Apartamentos amueblados con vista a la piscina o al jardín

Sala y comedor amplios,
tres dormitorios,
dos baños,
cocina equipada con horno
microondas y
aparatos electrodomésticos.

Lugar para estacionamiento.
El alquiler incluye
el servicio de agua,
pero no la electricidad
ni el teléfono.

Pueden verse de lunes a viernes, de 2 a 5.
Avenida Simón Bolívar, 327

1. Si alquilo el apartamento que anuncian en el centro de Caracas, ¿necesito tener auto o no? ¿Por qué?

    _____

2. ¿Por qué necesito tener muebles para vivir en ese apartamento?

    _____

3. ¿Es necesario comprar algunos aparatos para la cocina? ¿Por qué?

    _____

4. ¿Por qué puedo lavar mi ropa en el apartamento?

    _____

5. ¿Necesito usar un ventilador en el verano o no? ¿Por qué?

    _____

6. ¿Qué puedo hacer para recibir más información sobre los apartamentos?

    _____

7. ¿Cómo son los apartamentos que se anuncian en la Avenida Simón Bolívar?

    _____

8. ¿En qué tipo de vecindario están?

    _____

9. ¿Todos los apartamentos tienen vista al jardín?

    _____

10. Para mudarme a estos apartamentos, ¿necesito tener muebles? ¿Por qué?

    _____

11. ¿Por qué puedo ir a nadar si vivo en estos apartamentos?

    _____

12. ¿Voy a necesitar comprar algo para la cocina?

    _____

13. ¿Por qué no voy a tener problemas para parquear mi coche?

    _____

14. ¿Qué no está incluido en el alquiler?

    _____

B. Your best friend is celebrating her 20th birthday and you are going to have a party for her and some 15 friends. Prepare a list of all the things that you are going to need for the party. Also state what activities you are planning to have and the things that you will need for the activities. Be sure the party will be a success.

Lección 11

Workbook Activities

Estructuras

A. The subjunctive mood Complete the following chart with the corresponding present subjunctive forms.

Infinitive	yo	tú	Ud., él, ella	nosotros	Uds., ellos, ellas
1. cobrar	cobre	cobres	cobre	cobremos	cobren
2. estudiar	estudie	estudies	estudie	estudiemos	estudien
3. deber	deba	debas	deba	debamos	deban
4. beber	beba	bebas	beba	bebamos	beban
5. abrir	abra	abras	abra	abramos	abran
6. recibir	reciba	recibas	reciba	recibamos	reciban
7. hacer	haga	hagas	haga	hagamos	hagan
8. decir	diga	digas	diga	digamos	digan
9. entender	entienda	entiendas	entienda	entiendamos	entiendan
10. volver	volva	volvas	volva	volvamos	volvan
11. sugerir	sugiera	sugieras	sugiera	sugieramos	sugieran
12. dormir	durma	durmas	durma	durmamos	durman
13. mentir	mienta	mientas	mienta	mientamos	mientan
14. buscar	busque	busces	busce	buscemos	buscen
15. pescar	pesque	pesces	pesce	pescemos	pescen
16. dar	de	des	de	demos	den
17. estar	este	estes	esté	estemos	esten
18. ir	vaya	vayas	vaya	vayamos	vayan
19. ser	sea	seas	sea	seamos	sean
20. saber	sepa	sepas	sepa	sepamos	sepan

B. The subjunctive with verbs of volition I Everybody wants everybody else to do something. Indicate this by completing the chart below.

	English	Subject	Verb	que	Subject of subor-dinate clause	Verbs in the subjunctive
1.	He wants me to speak.	**Él**	**quiere**	**que**	**yo**	**hable.**
2.	I want you to learn.	yo	quiero	que	tú	aprenda
3.	You want him to go out.	Tú	quieres	que	el	vaya afuera
4.	She wants us to drink.	Ella	quiere	que	nosotros	bebamos.
5.	We want her to come.	Nosotros	queremos	que	ella	vaya.
6.	You want them to understand.	Uds.	quieren	que	ellos	comprendan
7.	They want us to remember.	Ellos	quieren	que	nosotros	recuerden
8.	You want us to study.	Uds.	quieren	que	nosotros	estudiemos
9.	They want us to write.	Ellos	quieren	que	nosotros	escribamos.
10.	He wants us to lie.	Él	quiere	que	nosotros	mientamos
11.	I want you to walk.	yo	quiero	que	tú	camines
12.	They want you to wait.	ellos	quieren	que	Uds.	espere
13.	She wants him to work.	Ella	quiere	que	el	trabaje
14.	We want them to go.	Nosotros	queremos	que	ellos	vaya

C. The subjunctive with verbs of volition II My mother wants my brothers and me to do many things today. Indicate what they are, using the present subjunctive.

Mi mamá quiere que...

1. ...yo _____ (ir) a la agencia de viajes y _____ (comprar) dos pasajes.

2. ...Julio _____ (llevar) la ropa a la tintorería y _____ (recoger) los

    pantalones que ella dejó ayer.

3. ...Raúl y yo _____ (sacar) dinero de nuestra cuenta de ahorros y _____

    (pagar) la cuenta del gas.

4. ...Tito y Paco _____ (pedir) unos folletos sobre Bogotá y se los _____ (traer).

5. ...Mario _____ (comprar) dos maletas y _____ (dárselas) a papá.

6. ...nosotros _____ (hacer) todas estas diligencias por la mañana.

D. The subjunctive with verbs of emotion These conversations can be heard in the college cafeteria. Complete each one, using the infinitve or the present subjunctive, as appropriate.

1. —Yo te sugiero que _____ (pedir) un préstamo en el banco para comprar el coche.

    —Voy a pedirlo, pero temo que (ellos) no me lo _____ (dar).

2. —Mañana es sábado. Espero _____ (poder) quedarme en casa.

    —Yo te aconsejo que _____ (ir) a la aerolínea y _____ (reservar) el pasaje.

    —Ojalá que no _____ (ser) muy caro.

3. —¿Es necesario _____ (llenar) la tarjeta?

    —Sí, tienes que llenarla.

4. —Es una lástima que nosotros no _____ (tener) la tarde libre hoy, pero me alegro

    de no _____ (tener) que venir a la universidad mañana.

    —Sí, pero yo necesito que mañana tú _____ (ir) a mi casa y me _____

    (ayudar) a escribir el informe de literatura.

5. —¿Tú quieres _____ (ir) a Canadá con nosotros?

    —Sí, pero mi hermana me sugiere que _____ (ir) a Colombia.

    —Espero que (tú) _____ (poder) ir con nosotros el próximo año.

6. —Necesito _____ (lavar) estos pantalones.

   —Yo te aconsejo que no los _____ (lavar). Te sugiero que los _____

   (llevar) a la tintorería.

   —Temo no _____ (poder) ir hoy.

7. —¿Qué nos sugiere que _____ (hacer) en el verano?

   —Les sugiero que _____ (hacer) un crucero por el Caribe.

8. —Me alegro de que mi padrino _____ (estar) aquí hoy.

   —Sí, siento no _____ (tener) tiempo para conversar con él.

9. —¿En qué hotel me aconsejas que me _____ (hospedar)?

   —Te aconsejo que no _____ (ir) a un hotel.

10. —Yo quiero que ustedes _____ (venir) a verme.

    —Ojalá que (nosotros) _____ (poder) ir a verte el mes que viene.

E. Situaciones You find yourself in the following situations. What do you say?

1. You tell a travel agent that you want a round-trip ticket to Bogotá.

   _____

   _____

2. You ask a traveling companion if he wants a window seat or an aisle seat.

   _____

   _____

3. You tell a travel agent that you want a direct flight to Bogotá.

   _____

   _____

4. You tell your friend that you checked your luggage and that you had to pay excess luggage.

   _____

   _____

5. You suggest to a friend that he travel by train or by boat.

   _____

   _____

F. Crucigrama

Horizontal

2. pasaje
4. Trabaja en una _____ de viajes.
6. no irse
7. Hicimos un _____ por el Mediterráneo.
9. Europa, por ejemplo
10. ¿A quién le doy la tarjeta de _____?
11. hombre que viaja
12. femenino de **padrino**
14. hacer planes
15. opuesto de **entrada**
16. a ningún lado: a ninguna _____
18. quedarse cuando uno viaja
20. TWA o United
21. El avión tiene dos horas de _____.

8. mujer con quien uno se va a casar
13. Sirve comida y bebidas en el avión.
14. ¿Es un asiento de ventanilla o de _____?
17. No es un vuelo directo; hace _____.
19. Tengo que pagar _____ de equipaje.

Vertical

1. Quiero un pasaje de ida y _____.
3. ¿Adónde van de _____ de miel?
5. buenísimo

G. ¿Qué pasa aquí? Look at the illustration and answer the following questions.

1. ¿En qué agencia de viajes están estas personas?

   _____

2. ¿Cuántos agentes de viaje trabajan en la agencia?

   _____

3. ¿Adónde quiere viajar Silvia?

   _____

4. ¿Cómo va a viajar?

   _____

5. ¿En qué fecha puede viajar?

   _____

6. ¿Cuánto cuesta el viaje a Lima (en dólares)?

   _____

7. ¿Qué días hay vuelos a Lima?

   _____

8. ¿A la capital de qué país quiere viajar Daniel?

   _____

9. ¿Cómo quiere viajar Daniel?

_____

10. ¿Cuándo hay tren para Asunción?

_____

11. ¿A qué ciudad de Argentina quiere viajar Olivia?

_____

12. ¿Ella va con alguien? ¿Cómo lo sabe Ud.?

_____

13. ¿Olivia va a comprar un pasaje de ida?

_____

14. ¿Qué tipo (*type*) de asiento reserva Norberto? ¿En qué sección lo reserva?

_____

Para leer

A planear las vacaciones

Rubén y Marisol planean ir de vacaciones en agosto y no pueden decidir adónde ir. Rubén quiere ir a España porque sus padres viven en Sevilla y hace tres años que él no los ve. Marisol prefiere ir a Canadá y pasar dos semanas viajando por Montreal, Toronto y Quebec.

Rubén convence a Marisol y deciden viajar a España. Van a la agencia de viajes, compran dos billetes de ida y vuelta en primera clase y reservan un asiento de ventanilla y un asiento de pasillo.

Cuando vuelven a su casa, Rubén les escribe una carta a sus padres, diciéndoles que llegan a Sevilla el trece de agosto.

¡Conteste! Answer the following questions based on the reading.

1. ¿En qué mes planean ir de vacaciones Marisol y Rubén?

_____

2. ¿A qué país quiere viajar Rubén?

_____

3. ¿En qué ciudad española viven los padres de Rubén?

_____

4. ¿Cuánto tiempo hace que él no los ve?

_____

5. ¿Marisol quiere ir a España también?

   _____

6. ¿Qué lugares quiere visitar Marisol?

   _____

7. ¿Cuánto tiempo quiere pasar Marisol en Canadá?

   _____

8. ¿Quién convence a quién?

   _____

9. ¿Marisol y Rubén van a viajar en clase turista?

   _____

10. ¿Qué asientos reservan?

    _____

11. ¿Qué hace Rubén cuando vuelve a su casa?

    _____

12. ¿En qué fecha van a llegar a Sevilla Marisol y Rubén?

    _____

Panorama hispánico

Complete the following chart.

Colombia
Capital: _____
Principales productos de exportación: _____, _____,
_____ y _____
Porcentaje de esmeraldas que provienen de Colombia: _____
Música típica colombiana: _____ y _____
Deporte más popular: _____
Escritores famosos: _____ y _____
Famoso pintor y escultor colombiano: _____
Primera línea aérea de América: _____
Museo más famoso: _____

Lección 11

Laboratory Activities

Diálogos

¿Dónde pasamos la luna de miel? Listen to the dialogues twice, paying close attention to the speakers' intonation and pronunciation patterns. First, listen to the entire dialogue; then, as you listen for a second time, pause the recording after each sentence and repeat after the speaker.

Gustavo Cisneros y Victora Villarreal son de Chía, un pueblo que está cerca de Bogotá. Hoy están en una agencia de viajes de la capital. Planean casarse el mes que viene y quieren decidir dónde van a pasar la luna de miel. La mamá de Gustavo, que es argentina, espera que vayan a Buenos Aires. Los padrinos de Victoria les sugieren que viajen a Costa Rica, porque a ellos les encanta ese país.

VICTORIA	Mi amor, si tú quieres ir a Buenos Aires, no hay problema. A mí me encantan las ciudades grandes.
GUSTAVO	Bueno... la verdad es que yo quiero conocer los bosques de Costa Rica... Estos folletos describen unos paquetes buenísimos, que incluyen los pasajes, el hospedaje y algunas excursiones.
VICTORIA	Sí, pero éstos que yo tengo también describen viajes muy interesantes que incluyen Río de Janeiro... ¡Ah! El agente nos está llamando. Ojalá que podamos reservar los pasajes hoy.

Con el agente de viajes

GUSTAVO	Vamos a necesitar que usted nos aconseje sobre cuál es el lugar ideal para pasar la luna de miel. Espero que nos dé buenas ideas.
AGENTE	Yo les recomiendo que hagan un crucero por el Mediterráneo. ¡Viajar en barco es muy romántico! Y después, una semana en Italia.
GUSTAVO	Bueno... temo que eso sea un poco caro. Mi prometida y yo preferimos quedarnos en este continente...
AGENTE	¡Tengo una idea brillante! Les sugiero que visiten Canadá. Pueden ir en avión hasta Toronto y después viajar en tren hasta Vancouver...
VICTORIA	Sí, todo eso es muy bonito, ¡pero no tenemos tanto dinero! Queremos dos pasajes de ida y vuelta a San José, en clase turista. ¿Tienen vuelos directos? Preferimos no hacer escala en ninguna parte...
AGENTE	Sí, señorita. ¡Excelente idea!
GUSTAVO	¿Estás segura, mi amor?
VICTORIA	Sí, estoy segura, pero el año próximo... ¡me llevas a Buenos Aires!

A. Preguntas y respuestas You will now hear questions about the dialogues. Answer each one, omitting the subject. The speaker will confirm your response. Repeat the correct response.

B. Situaciones The speaker will present several situations based on the dialogues. Respond appropriately in Spanish to each situation. The speaker will confirm your response. Repeat the correct response. Follow the model.

> **MODELO:** You tell your teacher that you hope he'll give you an "A."
> **Espero que me dé una "A".**

Pronunciación

When you hear the number, read the corresponding sentence aloud. Then listen to the speaker and repeat the sentence.

1. Tengo una idea brillante.
2. Yo quiero conocer los bosques de Costa Rica.
3. Preferimos quedarnos en este continente.
4. Describen viajes que incluyen Río de Janeiro.
5. Yo les recomiendo que hagan un crucero por el Mediterráneo.
6. Gustavo Cisneros y Victoria Villarreal están en una agencia de viajes.

Estructuras

A. The subjunctive with verbs of volition I Answer each question you hear, using the cue provided. The speaker will confirm your response. Repeat the correct response. Follow the model.

> MODELO: ¿Qué quieres que yo haga? (comprar los billetes)
> **Quiero que compres los billetes.**

1. (traer los folletos)
2. (venir mañana)
3. (ir a la agencia de viajes)
4. (estar aquí a las cinco)
5. (volver temprano)
6. (dar una fiesta)
7. (pagar los pasajes)
8. (quedarse aquí)
9. (facturar el equipaje)
10. (traer las maletas)

B. The subjunctive with verbs of volition II The speaker will say what different people want to do. Say that you don't want them to do these things. Always use direct object pronouns in your answers. The speaker will confirm your response. Repeat the correct response. Follow the model.

> MODELO: Nosotros queremos invitar a las chicas.
> **Yo no quiero que las inviten.**

C. The subjunctive with verbs of emotion I Respond to each statement you hear, using the cue provided. The speaker will confirm your response. Repeat the correct response. Follow the model.

> MODELO: Yo me alegro de estar aquí. (de que tú)
> **Yo me alegro de que tú estés aquí.**

1. (que Carlos)
2. (que ustedes)
3. (de que mi hijo)
4. (que tú)
5. (que nosotros)

D. The subjunctive with verbs of emotion II Respond to each statement you hear, using the cue provided. The speaker will confirm your response. Repeat the correct response. Follow the model.

> MODELO: Ana va con Teresa. (Espero)
> **Espero que Ana vaya con Teresa.**

1. (Siento)
2. (Me alegro)
3. (Es una lástima)
4. (Temo)
5. (Espero)
6. (Ojalá)

194 Lección 11, Laboratory Activities

Más práctica

A. Dibujos (*Drawing*) You will hear three statements about each drawing. Choose the letter of the statement that best corresponds to the drawing. The speaker will verify your response.

1. De Miami a Lima; de Lima a Miami. PEDRO

   a b c

2. MÉXICO ESPAÑA Perú LUISA

   a b c

3. AVIANCA PAULA

   a b c

4. MÉXICO ESPAÑA PERÚ AÍDA

   a b c

5. MARIO

   a b c

B. Unos diálogos breves Before listening to the dialogues in this section, study the comprehension questions below. Reviewing the questions ahead of time will help you to remember key information as you listen. Then listen carefully to the dialogues and answer each question, omitting the subject. The speaker will confirm your response. Repeat the correct answer.

1. ¿El avión hace escala en alguna parte?
2. ¿El Sr. Acosta quiere un pasaje en clase turista?
3. ¿Cuándo va a viajar el Sr. Acosta?
4. ¿El Sr. Acosta quiere un asiento de ventanilla o de pasillo?
5. ¿En qué sección quiere viajar el Sr. Acosta?
6. ¿Qué tiene Silvia?
7. ¿Qué le sugiere Héctor que le pida a la azafata?
8. ¿Qué quiere tomar Silvia?
9. ¿Qué le dice Héctor que necesita tomar?
10. ¿Por qué quiere Silvia que sirvan la comida?
11. ¿A qué hora sale el avión?
12. ¿Cuántas horas de atraso tiene?
13. ¿Cuál es la puerta de salida?
14. ¿Dónde puso Sara las tarjetas de embarque?
15. ¿Qué quiere comprar Sara para leer?
16. ¿Qué dice Andrés de la idea?

C. Para contestar Answer the questions you hear, using the cues provided. The speaker will confirm your answers. Repeat the correct answer.

1. (no)
2. (Colombia)
3. (avión)
4. (sí)
5. (Hawai)

6. (American)
7. (buen viaje)
8. (en el verano)
9. (en el Hilton)
10. (no, nunca)

D. Tome nota You will hear three flight announcements at the airport in Bogotá. First listen carefully for general comprehension. Then, as you listen for a second time, fill in the information requested.

AEROPUERTO INTERNACIONAL DE BOGOTÁ

LLEGADAS

Aerolínea: _____

_____

Vuelo: _____

Procedente de: _____

_____

Hora: _____

Puerta de salida: _____

SALIDAS

Aerolínea: _____

Vuelo: _____

Con destino a: _____

Puerta de salida: _____

Aerolínea: _____

Vuelo: _____

Con destino a: _____

Hora: _____

Puerta de salida: _____

E. Dictado The speaker will read six sentences. Each sentence will be read twice. After the first reading, write what you heard. After the second reading, check your work and fill in what you missed.

1. _____
2. _____
3. _____
4. _____
5. _____
6. _____

Lección **12**

Workbook Activities

Estructuras

A. The *Ud.* and *Uds.* commands I Complete the chart below, with **Ud.** and **Uds.** command forms.

	Command	
Infinitive	***Ud.***	***Uds.***
1. preparar	prepare	preparen
2. caminar		
3. aprender	aprenda	aprendan
4. beber		
5. abrir	abra	abran
6. salir		
7. venir	venga	vengan
8. hacer		
9. dar	dé	den
10. estar		
11. empezar	empiece	empiecen
12. comenzar		
13. pedir		
14. contar		
15. ir	vaya	
16. ser		sean

B. The *Ud.* and *Uds.* commands II You will be out of the office tomorrow. Tell Miss Montalván, your assistant, to do the following.

1. estar en la oficina a las siete

   _____

2. traducir las cartas y llevarlas al correo

   _____

3. ir al banco y depositar los cheques

   _____

4. decirle al Sr. Díaz que el lunes hay una reunión (*meeting*)

   _____

5. poner los documentos en mi escritorio / no dárselos a la Srta. Valdés

   _____

   _____

6. mandarle un fax al Sr. Uribe o llamarlo por teléfono para que venga el lunes

   _____

   _____

7. quedarse en la oficina hasta las cinco

   _____

C. The *Ud.* and *Uds.* commands III You and your brother are asking your father what to do. Write his answers to your questions, using commands and the cues provided.

1. ¿A qué hora tenemos que salir? (ahora)

2. ¿Qué autobús tomamos? (el # 40)

   _____

3. Para ir a la parada de autobuses, ¿seguimos derecho o doblamos? (seguir derecho)

   _____

4. ¿A qué hora tenemos que estar en el correo? (a las cuatro)

   _____

5. ¿A quién tenemos que llamar esta noche? (al Sr. Paz)

   _____

6. ¿Qué tenemos que decirle? (que lo necesito)

    _____

7. Jorge necesita el coche; ¿se lo prestamos? (no)

    _____

8. Paquito quiere un teléfono celular, ¿se lo compramos? (no)

    _____

D. The subjunctive to express doubt, disbelief, and denial These people are discussing cars. Complete their conversations by writing the verbs given in the present subjunctive or the present indicative.

1. —Aníbal quiere vender su coche. Yo creo que nosotros _____ (poder) comprarlo.

    —No, no creo que eso _____ (ser) una buena idea porque su coche funciona un día

    sí y otro no.

    —Estoy seguro de que el mecánico _____ (poder) arreglarlo.

    —Dudo que _____ (valer) la pena arreglarlo.

2. —Yo creo que tú _____ (tener) que llevar el coche al taller de mecánica.

    —Yo dudo que _____ (estar) abierto hoy porque es sábado.

    —No es verdad que ellos _____ (cerrar) los sábados. Yo creo que sólo _____

    (cerrar) los domingos.

3. —Este taller de mecánica es el mejor de la ciudad.

    —Es verdad que _____ (ser) bueno, pero no es cierto que _____ (ser) el

    mejor.

4. —El coche que tú quieres cuesta un ojo de la cara.

    —Yo no niego que _____ (ser) caro, pero no dudo que _____ (valer) la

    pena comprarlo.

E. Constructions with *se* You are talking to a student from Ecuador, who has many questions about your town. Answer his questions, using the cues provided.

1. ¿A qué hora se abren los bancos? (a las diez)

    _____

2. ¿A qué hora se cierra el correo? (a las seis)

    _____

3. ¿Cómo se dice **grúa** en inglés? (*tow truck*)

   _____

4. ¿Qué se come aquí? (pollo)

   _____

5. ¿Dónde se venden coches usados? (en la calle Quinta)

   _____

F. Situaciones You find yourself in the following situations. What do you say?

1. You are going to rent a car. Tell the agent you want a two-door compact car with standard shift.

   _____

   _____

2. You tell a friend that your car won't start and that you need to call a tow truck. Tell him/ her also that you need a new battery.

   _____

   _____

3. You are complaining about your car. Say that it costs you an arm and a leg because it breaks down often.

   _____

   _____

4. You ask your roommate what time the beauty salon opens and you add that you need a haircut.

   _____

5. Your son is driving too fast. Tell him that the speed limit on the freeway is sixty-five miles per hour.

   _____

G. Crucigrama

Horizontal

5. Mi coche no funciona; está _____.
7. ir a pie
10. a menudo
11. Necesito el _____ para cambiar la llanta.
13. Tengo un teléfono _____ en el coche.
15. opuesto de **lleno**
17. No es una calle; es una _____.
19. La necesito para poder conducir: _____ para conducir.
21. No está a la derecha. Está a la _____.
22. No siga derecho. Debe _____ aquí.
24. No es un coche grande. Es un coche _____.

26. persona que arregla coches
27. Necesitan piezas de _____.
29. El coche tiene dos _____ de aire.
30. _____ la pena comprarlo.

Vertical

1. oficina de correos
2. salón de belleza
3. Me costó un _____ de la cara.
4. Mi coche es de cambios _____.
6. Ana necesita un _____ de pelo.
8. Me gusta más un coche _____.
9. La _____ máxima es de 65 millas.
12. tener dudas

14. estación de servicios
16. batería
18. grúa
20. Los necesito para parar el coche.

23. opuesto de **cerrado**.
25. en todos lados: en todos ____
28. Mi coche tiene problemas. Lo voy a llevar al ____ de mecánica

H. ¿Qué pasa aquí? Look at the illustrations and answer the following questions.

A. 1. ¿Dónde está Carlos en este momento? _____

2. ¿Cómo se llama el taller? _____

3. ¿Qué levantó el mecánico? _____

4. ¿Qué cree el mecánico que necesita para arreglar el coche?

_____

5. ¿Él cree que las tiene en el taller?

_____

6. ¿Cuándo cree él que puede recibir las piezas de repuesto?

_____

7. ¿Ud. cree que Carlos piensa que el arreglo le va a costar un ojo de la cara?

_____

B. 1. ¿Qué necesita Ana?

_____

2. ¿Por qué no puede Ana manejar hasta la gasolinera?

_____

3. ¿Cuánto cuesta la gasolina?

_____

4.   ¿Qué otra cosa necesita Ana?

_____

5.   ¿Qué no tiene Ana en el maletero?

_____

Panorama hispánico

Complete the following charts.

Perú
Capital: _____
Población: _____
Moneda del país: _____
Principal fuente de riqueza: _____
Otras industrias importantes: _____ y _____
Animales típicos de la fauna peruana: _____, _____
y _____
Principales atracciones turísticas: _____ y _____
Universidad más antigua de Suramérica: _____

Ecuador
Capital: _____
Islas pertenecientes a Ecuador: _____
Población: _____
Base de la economía: _____, _____ y
_____
Moneda oficial: _____
Monumento importante: _____
Famoso mercado de artesanías: _____

203

Laboratory Activities

Diálogos

Se venden coches usados Listen to the dialogues twice, paying close attention to the speakers' intonation and pronunciation patterns. First, listen to the entire dialogue; then, as you listen for a second time, pause the recording after each sentence and repeat after the speaker.

En el Distrito de Miraflores de Lima, Perú, vive la familia Ugarte, de Guayaquil, Ecuador. Liliana, una sobrina de la Sra. Ugarte, y su esposo Ramiro están viviendo con ellos por un tiempo. Ramiro trabaja y va a asistir a la Universidad de San Marcos. Ahora están en el comedor, bebiendo café, leyendo el diario y hablando.

RAMIRO	Creo que voy a necesitar un carro si tengo que ir al trabajo después de mi última clase...
LILIANA	Bueno... aquí dice que se venden coches usados, pero dudo que podamos comprar uno con el dinero que tenemos.
RAMIRO	A ver... (*Mira el anuncio.*) Coche compacto de dos puertas, de cambios mecánicos... Mm... Me gustan más los carros automáticos.

Don José Ugarte entra en el comedor, se sirve una taza de café y se sienta a hablar con Liliana y Ramiro.

DON JOSÉ	Buenos días. ¿Están leyendo los avisos clasificados?
RAMIRO	Sí. Dígame, don José, ¿usted cree que necesitamos comprar un carro?
DON JOSÉ	Francamente, no creo que valga la pena. Escuchen lo que me pasó la semana pasada: El lunes por la mañana, mi auto no arrancó.
LILIANA	Porque necesitaba un acumulador nuevo, ¿no?
DON JOSÉ	No... Llamé una grúa, que llevó el coche al taller de mecánica. El arreglo me costó un ojo de la cara...
ILIANA	Pero tía Marta dice que usted sabe arreglar carros.
DON JOSÉ	No, no es verdad que yo sepa arreglar nada. Los coches modernos son muy complicados.
RAMIRO	¿Cuántas veces al mes va a una gasolinera para comprar gasolina, don José?
DON JOSÉ	Tres veces... cuatro... Eso es porque Marta me obliga a ir a pie a todas partes...
RAMIRO	(*Se ríe.*) En serio... ¿su carro se descompone a menudo?
DON JOSÉ	¡Sí! Funciona un día sí y otro no.
LILIANA	¡Ay! Tengo que ir al correo y después a la peluquería. Necesito un corte de pelo. ¿A qué hora se cierra el correo?, ¿a las seis?
DON JOSÉ	Dudo que esté abierto hasta las seis, pero váyanse ahora. Si toman el ómnibus, a lo mejor pueden llegar. Sigan derecho por la calle Esperanza hasta llegar a la avenida José Larco. Doblen a la izquierda y ahí pueden tomar el ómnibus.
LILIANA	Vamos, Ramiro. Tenemos que acostumbrarnos a usar colectivos...
DON JOSÉ	(*Bromeando*) Si quieren, les vendo mi coche...
RAMIRO	No, gracias. ¡Prefiero una bicicleta!

A. Preguntas y respuestas You will now hear questions about the dialogues. Answer each one, omitting the subject. The speaker will confirm your response. Repeat the correct response.

B. Situaciones The speaker will present several situations based on the dialogue. Respond appropriately in Spanish to each situation. The speaker will confirm your response. Repeat the correct response. Follow the model.

> MODELO: You tell a friend modern cars are very complicated.
> **Los coches modernos son muy complicados.**

Pronunciación

When you hear the number, read the corresponding sentence aloud. Then listen to the speaker and repeat the sentences.

1. La familia Ugarte es de Guayaquil.
2. Aquí dice que se venden coches usados.
3. Se sirve una taza de café.
4. Están leyendo los avisos clasificados.
5. Marta me obliga a ir a pie a todas partes.
6. Doblen a la izquierda y ahí pueden tomar el ómnibus.

Estructuras

A. *Ud.* and *Uds.* commands You will hear a series of indirect commands with the construction **tener que** + *infinitive*. Change each one to a direct **Ud.** or **Uds.** command. The speaker will confirm your response. Repeat the correct response. Follow the model.

> MODELO: Ud. tiene que estudiar la lección.
> **Estudie la lección.**

B. Position of object pronouns with commands Answer each question you hear in the affirmative or in the negative, according to the cue provided. The speaker will confirm your response. Repeat the correct response. Follow the model.

> MODELO: ¿Compro la bicicleta? (sí)
> **Sí, cómprela.**
>
> ¿Compro el acumulador? (no)
> **No, no lo compre.**

1. no
2. sí
3. sí
4. no
5. no

6. no
7. sí
8. no
9. sí
10. sí

C. The subjunctive to express doubt, disbelief, and denial Respond to each statement you hear by expressing doubt, disbelief, or denial. The speaker will confirm your response. Repeat the correct response. Follow the model.

> MODELO: Creo que Ana tiene el libro.
> **No creo que Ana tenga el libro.**

D. Constructions with *se* Answer the following questions, using the cues provided. The speaker will confirm your response. Repeat the correct response. Follow the model.

> MODELO: ¿A qué hora se abre el zoológico? (a las siete)
> **Se abre a las siete.**

1. (español)
2. (a las nueve)
3. (lleno)
4. (taller)

5. (en California)
6. (español)
7. (inglés y francés)
8. (a las seis)

Más práctica

A. Dibujos (*Drawing*) You will hear three statements about each drawing. Choose the letter of the statement that best corresponds to the drawing. The speaker will verify your response.

1.

a   b   c

2.

a   b   c

3. Jorge   a b c

4. Rafael   a b c

5. Miguel   Universidad   a b c

B. Unos diálogos breves Before listening to the dialogues in this section, study the comprehension questions below. Reviewing the questions ahead of time will help you to remember key information as you listen. Then listen carefully to the dialogues and answer each question, omitting the subject. The speaker will confirm your response. Repeat the correct answer.

1. ¿Por qué volvió Fernando en ómnibus a su casa?
2. ¿Qué tuvo que llamar Fernando?
3. ¿Dónde dejó el coche?
4. ¿Qué dijo el mecánico que necesitaba el coche?
5. ¿Tiene el coche otros problemas?
6. ¿Cuándo va a ir Fernando al taller?
7. ¿Qué dice Adela que tiene que hacer?
8. ¿Cómo va a ir Fernando a la oficina?
9. ¿Qué está leyendo Blanca?
10. ¿Qué necesita comprar Blanca?
11. ¿Dónde se venden coches usados?
12. ¿Adónde tiene que ir Gerardo?
13. ¿Qué necesita Gerardo?
14. ¿Cuándo puede ir Gerardo con Blanca?

C. Para contestar Answer the questions you hear, using the cues provided. The speaker will confirm your answers. Repeat the correct answer.

1. (sí)
2. (sí)
3. (no)
4. (popular)
5. (dos)

6. (no)
7. (sí)
8. (no)
9. (sí)
10. (sí)

D. Tome nota You will hear some excuses that four brothers and sisters give their Mom so they don't have to visit some boring relatives. First, listen carefully for general comprehension. Then as you listen a second time, fill in the information requested.

EXCUSA

Graciela: Lugares: 1. _____

                            2. _____

Irene: Lugar: _____

              Para comprar: _____

Fernando: Lugar: _____

              Razón: _____

Ángel: Lugar: _____

              Va a comprar: 1. _____

                            2. _____

E. Dictado The speaker will read six sentences. Each sentence will be read twice. After the first reading, write what you heard. After the second reading, check your work and fill in what you missed.

1. _____

2. _____

3. _____

4. _____

5. _____

6. _____

Hasta ahora... Una prueba

Let's combine the structure and the vocabulary from **Lecciones 11** and **12**. How much can you remember?

A. Complete the following exchanges, using the infinitive, the present indicative, or the present subjunctive of the verbs given.

1. —¿Qué van a hacer tus padres este verano?

   —Ellos quieren _____ (viajar) a Colombia, pero no quieren _____ (gastar) mucho dinero.

   —¿Qué les sugieres tú?

   —Yo les sugiero que _____ (viajar) entre semana y que no _____ (ir) en primera clase, pero ellos temen que no _____ (ser) muy cómodo viajar en clase turista.

2. —¿Tú necesitas que yo _____ (ir) a la agencia de viajes hoy?

   —Sí, y quiero que le _____ (pedir) al agente folletos sobre Perú y Ecuador.

   —Dudo que yo _____ (poder) ir hoy porque voy a terminar tarde en la oficina.

3. —¿Tú quieres que Carlos _____ (comprar) un coche nuevo?

   —Sí, y deseo que _____ (ser) un coche automático, pero creo que él _____ (preferir) uno de cambios mecánicos, porque él espera que _____ (costar) menos y que _____ (gastar) menos gasolina.

   —Ojalá que ustedes _____ (poder) estar de acuerdo cuando compren el coche.

4. —¿A qué taller me aconsejas que _____ (llevar) el coche?

   —Te aconsejo que lo _____ (llevar) al Taller Salgado. Es el mejor.

   —Es verdad que es bueno, pero no creo que _____ (ser) el mejor. Además, creo que _____ (cobrar) mucho.

   —No te niego que _____ (cobrar) mucho, pero hacen un buen trabajo.

B. Complete the following exchanges, using the Spanish equivalent of the words in parentheses.

1. —¿Adónde quiere Ud. que yo _____? (*go*)

   —_____ Ud. a la estación de servicio y _____ una

   batería nueva. (*Go / buy*)

2. —¿A qué hora quiere Ud. que nosotros _____? (*come*)

   —_____ aquí a las ocho y, por favor, _____ Uds.

   puntuales. (*Be / be*)

3. —¿Le damos los folletos a Teresa?

   —No, _____ Teresa. _____ Carmen. (*don't give*

   them to / Give them to)

4. —Tú siempre gastas mucho dinero.

   —_____ que, a veces, _____ mucho,

   _____ que _____ siempre. (*I don't deny /*

   I spend / but it's not true / I do it)

5. —Marta, ¿_____ a las nueve? (*the banks open*)

   —No, _____ a las diez. (*they open*)

   —¿Y el correo? ¿_____? (*What time does it open*)

   —_____ a las nueve. (*It opens*)

C. Arrange the following vocabulary in groups of three, according to categories.

excelente	avión	hotel	padrino	pasaje	acumulador
corte de pelo	turista	peluquería	automóvil	avenida	gasolina
taller de mecánica	grúa	caminar	billete	magnífico	arrancar
estación de servicio	arreglo	correr	tren	neumático	boleto
de cambios mecánicos	gato	hospedaje	autopista	descomponerse	gasolinera
salón de belleza	vuelo	remolcador	automático	mecánico	madrina
buenísimo	viajero	llanta	batería	calle	ahijado
ir a pie	barcos	pensión			

1. _____ _____ _____

2. _____ _____ _____

3. _____ _____ _____

4. _____ _____ _____

5. _____ _____ _____

6. _____   _____   _____

7. _____   _____   _____

8. _____   _____   _____

9. _____   _____   _____

10. _____   _____   _____

11. _____   _____   _____

12. _____   _____   _____

13. _____   _____   _____

14. _____   _____   _____

15. _____   _____   _____

Un paso más

A. Read the ad for Renta Autos Perú, and then answer the questions that follow.

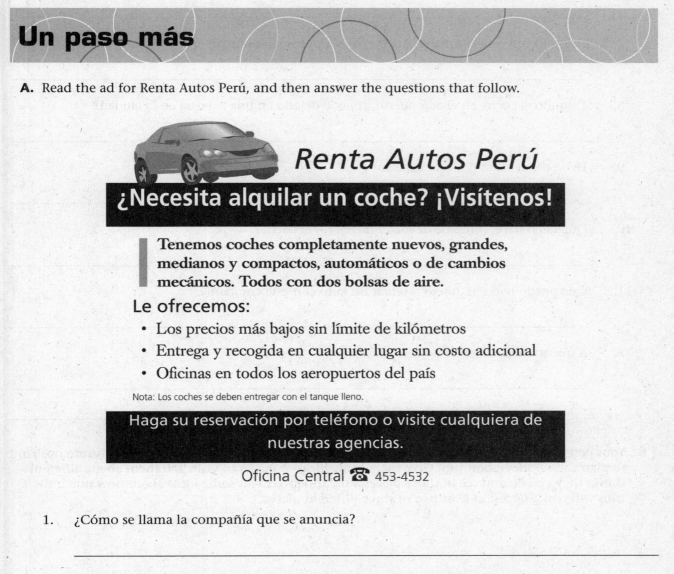

Renta Autos Perú

¿Necesita alquilar un coche? ¡Visítenos!

Tenemos coches completamente nuevos, grandes, medianos y compactos, automáticos o de cambios mecánicos. Todos con dos bolsas de aire.

Le ofrecemos:

- Los precios más bajos sin límite de kilómetros
- Entrega y recogida en cualquier lugar sin costo adicional
- Oficinas en todos los aeropuertos del país

Nota: Los coches se deben entregar con el tanque lleno.

Haga su reservación por teléfono o visite cualquiera de nuestras agencias.

Oficina Central ☎ 453-4532

1. ¿Cómo se llama la compañía que se anuncia?

   _____

2. Si quiero alquilar un auto que no gaste mucha gasolina, ¿cuál es mi mejor opción?

   _____

3. En mi familia somos seis personas, ¿debo alquilar un coche compacto o no? ¿Por qué?

   _____

4. ¿Cómo son los precios de la compañía?

   _____

5. Si llego a Perú en avión, ¿va a ser fácil alquilar un coche de Renta Auto Perú? ¿Por qué?

   _____

6. ¿Por qué son seguros (*safe*) los autos de esta compañía?

    _____

7. Si alquilo con esta compañía, ¿debo pagar por los kilómetros?

    _____

8. Si alquilo el coche en el aeropuerto, ¿puedo dejarlo en una agencia en la ciudad?

    _____

9. ¿Debo pagar extra por este servicio?

    _____

10. ¿Qué debo hacer antes de devolver (*to return*) el coche?

    _____

11. ¿Qué puedo hacer si quiero reservar un auto con esta compañía?

    _____

12. ¿A qué número de teléfono debo llamar?

    _____

    _____

B. Your best friend is going to be married in a month and you are helping her and her future husband to plan their honeymoon trip. Give them some ideas of places to visit. Tell them about different things they can do and see in those places, and also give them some ideas about how much the trips will cost. Suggest at least two or three different places.

Lección 13

Workbook Activities

Estructuras

A. **The familiar commands (*tú*) I** Fill in the chart with the appropriate **tú** command forms.

	Affirmative Command	Negative Command
1. hablar		
2. comer		
3. escribir		
4. hacerlo		
5. venir		
6. bañarse		
7. afeitarse		
8. dormirse		
9. ponérselo		
10. ir		
11. ser		
12. vendérmelo		
13. levantarse		
14. tener		
15. salir		
16. decírselo		

B. The familiar commands (*tú*) II Someone is asking you for instructions. Tell this person what to do, using **tú** commands and the cues provided. Follow the model.

MODELO: Aquí esta el vestido. ¿Dónde lo pongo? (en mi cuarto)
Ponlo en mi cuarto.

1. ¿Con quién voy a la tienda? (con Aurora)

_____

2. ¿Qué les compro a los chicos? (calcetines)

_____

3. ¿Qué te traigo a ti? (una billetera)

_____

4. Aquí están las pantimedias. ¿A quién se las doy? (a Nora)

_____

5. ¿Qué hago con los zapatos? ¿Se los doy a José? (no)

_____

6. ¿Qué vestido me pruebo? (el vestido amarillo)

_____

7. ¿Qué abrigo me pongo? (el abrigo verde)

_____

8. ¿Voy a la tienda ahora? (no)

_____

9. Ana trajo las camisetas. ¿Las pongo en la cama? (no)

_____

10. Hoy tenemos la fiesta. ¿Se lo digo a Rita? (no)

_____

11. ¿Qué hago para la cena? (pollo a la parrilla)

_____

12. ¿A qué hora vengo mañana? (a las siete)

_____

C. The familiar commands (*tú*) III

According to each person's situation, tell him/her what to do. Use **tú** commands. Follow the model.

MODELO: Tengo mucha sed y aquí hay refrescos.
Bebe un refresco.

1. Tengo mucha hambre y hay sándwiches en la cocina.

_____

2. Tengo un examen difícil mañana.

_____

3. Yo necesito leer el periódico y mi hermano quiere que se lo dé.

_____

4. Estoy cansada y aquí hay una silla.

_____

5. Necesito aretes y allí hay una joyería muy buena.

_____

6. No puedo venir esta tarde, pero puedo venir esta noche.

_____

7. No puedo llamar a Eva hoy, pero puedo llamarla mañana.

_____

8. No puedo ponerme este vestido, pero puedo ponerme el vestido negro.

_____

9. Necesito los guantes de Nora y quiero pedírselos.

_____

10. Es tarde y quiero acostarme porque tengo sueño.

_____

D. ¿Qué? and ¿cuál? used with ser These are answers that David Torales gave. Write the questions that elicited each statement given as a response, using **qué** or **cuál** as appropriate.

1. _____

   Mi apellido es Torales.

2. _____

   Mi número de teléfono es 8–75–43–30.

3. _____

   Un pasaporte es un documento que se necesita para viajar.

4. _____

   Mi dirección es avenida Olmos, número 436, Lima.

5. _____

   Mi número de seguro social es 756–89–6523.

6. _____

   El polo es un deporte (*sport*) que se juega a caballo.

E. The subjunctive to express indefiniteness or nonexistence I Look at the pictures below, and then complete each sentence with either the indicative or the subjunctive.

1. Vamos a un _____

   _____ donde

   _____ .

2. ¿Hay algún _____

   donde _____

   _____ ?

3. Tengo una empleada _____

_____

_____.

4. Necesito una _____

_____

_____.

5. Tengo una amiga que _____

_____

_____.

6. No conozco a nadie que _____

_____

_____.

7. Hay un señor que _____

_____

_____.

8. No hay nadie que _____

_____

_____.

F. The subjunctive to express indefiniteness or nonexistence II Alicia just got home and found many messages waiting for her. Complete each one, using the present subjunctive or the present indicative.

1. ¿Tienes una cartera que _____ (hacer) juego con mis zapatos rojos?

   ¡La necesito para el sábado! Yo tengo tres carteras que no _____ (hacer)

   juego con nada. Mabel

2. ¿Conoces a algún muchacho que _____ (poder) ir a una fiesta con mi

   hermanita el sábado? Yo no conozco a nadie que _____ (ser) de la edad de

   ella y los muchachos que ella conoce _____ (tener) novia. Isabel

3. No vamos a ir al centro comercial porque no hay ninguna tienda que _____

   (tener) liquidación este sábado. Hay una zapatería que _____ (tener) las

   botas de cuero que a ti te gustan, pero no están en rebaja. Rosario

4. Mi papá busca una secretaria que _____ (saber) francés y alemán. Yo conozco a

   dos chicas que _____ (hablar) los dos idiomas, pero ninguna quiere trabajar los

   fines de semana. ¿Tú conoces a alguien que _____ (necesitar) trabajo? Raúl

G. Situaciones You find yourself in the following situations. What do you say?

1. You tell your roommate that you don't have anything to wear and ask him/her if he/she wants to go shopping with you.

   _____

   _____

2. At a store, you ask the clerk where the fitting room is. Ask also if they have blue pants in size medium.

   _____

   _____

3. You ask your sister to go to the store and return the shirt that she gave you because it's too small for you.

   _____

   _____

4. You ask someone if there is a bookstore that sells books in Spanish.

   _____

   _____

5. Your friend always worries about everything. Tell him/her not to worry.

   _____

H. Crucigrama

Horizontal

2. Vamos al centro _____.
6. No tengo nada que _____.
7. Fuimos a mirar _____.
8. hermana pequeña
9. tienda donde compramos libros
12. Los hombres usan calcetines y las mujeres usan _____.
16. estrecho
17. talla
19. Los hombres la usan.
21. Luis compra su ropa en el departamento de _____.
23. Necesito por lo _____ cien dólares.
25. lino
26. rebaja

Vertical

1. cuarto de una tienda donde nos probamos ropa
2. Los zapatos son de _____.
3. Necesito ropa _____.
4. Es una tienda por _____.
5. muy bonita

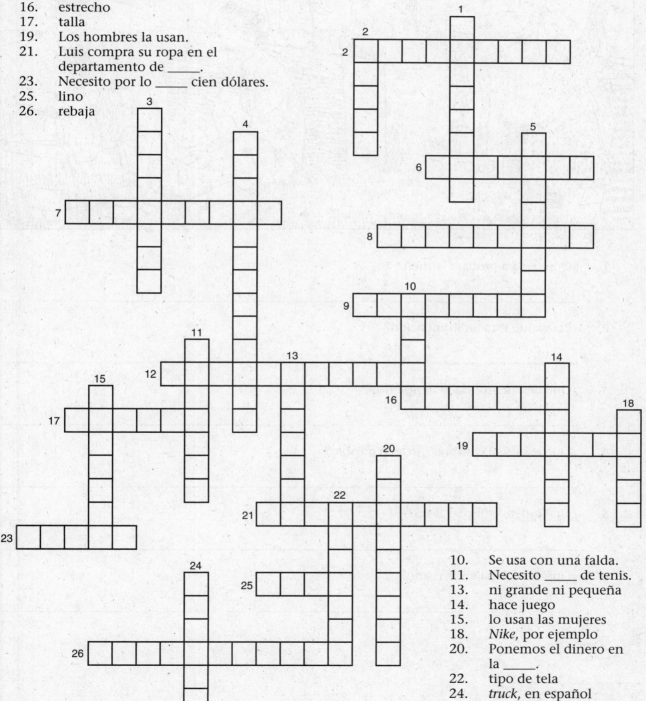

10. Se usa con una falda.
11. Necesito _____ de tenis.
13. ni grande ni pequeña
14. hace juego
15. lo usan las mujeres
18. *Nike*, por ejemplo
20. Ponemos el dinero en la _____.
22. tipo de tela
24. *truck*, en español

223

I. ¿Qué pasa aquí? Look at the illustration and answer the following questions.

1. ¿Qué se va a probar Carmen?

   _____

2. ¿El vestido está en liquidación?

   _____

3. ¿Qué descuento[1] da la tienda hoy?

   _____

4. ¿Qué le quiere comprar Carmen a Pablo?

   _____

5. ¿Qué quiere comprar Rosa?

   _____

6. ¿Qué lleva Rosa en la mano?

   _____

---

[1]discount   *Hint:* % por ciento

7. ¿Qué número calza Adela?

_____

8. ¿Le van a quedar bien los zapatos a Adela?

_____

9. ¿Le van a quedar grandes o chicos?

_____

10. ¿Cree Ud. que las botas son de buena calidad? (*quality*)

_____

11. ¿Adela piensa comprar las botas?

_____

12. ¿Cómo se llama la tienda?

_____

Para leer

El mensaje de José Luis Éste es un mensaje electrónico que José Luis les mandó a sus padres.

¡Hola! ¿Cómo están todos? Yo estoy bien, pero muy cansado porque
Carlos y yo estuvimos trabajando mucho para limpiar y arreglar nuestro
apartamento.

Ayer fui de compras porque tenían una gran liquidación en mi tienda
favorita. Ya compré casi todos los regalos de Navidad. A abuelo le compré
unos pañuelos y una corbata y a abuela un camisón. Para Anita compré una
blusa rosada y para Jorge una billetera. No les digo lo que compré para
ustedes porque quiero que sea una sorpresa.

Yo invité a Carlos a pasar la Navidad con nosotros, pero él va a pasar
las vacaciones en la casa de los padres de su novia.

¡Ah! Todavía estoy buscando a alguien que me lleve en coche a Viña
del Mar en diciembre. Si no encuentro a nadie, voy a alquilar un coche.

Mamá, hazme un favor: dile a Silvia que me escriba o me llame por
teléfono. ¡La extraño mucho!

Bueno, denle cariños° a toda la familia. Los veo en diciembre.   *love*
Besos.

José Luis

¡Conteste! Answer the following questions based on the reading.

1. ¿Qué les mandó José Luis a sus padres?

   _____

2. ¿Qué estuvieron limpiando y arreglando él y Carlos?

   _____

3. ¿Qué hizo José Luis ayer?

   _____

4. ¿Qué tenían en su tienda favorita?

   _____

5. ¿Qué le compró a su abuelo?

   _____

6. ¿Qué compró para Anita?

   _____

7. ¿Le compró algo a Jorge?

   _____

8. ¿Por qué no les dice a sus padres lo que les compró?

   _____

9. ¿Dónde va a pasar Carlos las vacaciones?

   _____

10. ¿Qué está buscando José Luis?

    _____

11. ¿Qué quiere que su mamá le diga a Silvia?

    _____

12. ¿En qué mes va a ver José Luis a toda la familia?

    _____

Panorama hispánico

Complete the following chart.

Chile

Capital: _____

Población: _____

Nombre que se le da a Chile: _____

Porcentaje de personas que saben leer y escribir: _____

Productos de exportación: _____, _____,

_____ y _____.

Balneario muy famoso: _____

Dos grandes poetas chilenos: _____ y _____

Famosa novelista chilena: _____

Laboratory Activities

Diálogos

Vamos de compras Listen to the dialogues twice, paying close attention to the speakers' intonation and pronunciation patterns. First, listen to the entire dialogue; then, as you listen for a second time, pause the recording after each sentence and repeat after the speaker.

Ángela y Rebeca Montoya son dos hermanas que viven con sus padres en Santiago, Chile. Asisten a la misma universidad, trabajan en la misma oficina y muchas veces salen juntas. Hoy, por ejemplo, van de compras con Fernando, el novio de Ángela, y con Gonzalo, el novio de Rebeca. Primero, los cuatro van a almorzar.

En un restaurante de comida rápida

ÁNGELA Fernando, ¿qué te parece si Rebeca y yo vamos a los Almacenes París y Gonzalo y tú van a la zapatería?

FERNANDO Buena idea. Yo quiero cambiar un par de botas que me quedan chicas y Gonzalo necesita zapatos.

GONZALO También quiero ir a la librería y después voy a tratar de encontrar algún disco compacto que le guste a mi hermanita.

REBECA Oye, ¿no dijiste que necesitabas calcetines y zapatos de tenis? Cómpralos hoy que tienes la oportunidad.

FERNANDO Sí... y yo necesito una camiseta... Dime, Ángela, ¿cuánto tiempo crees tú que van a tardar en hacer sus compras?

ÁNGELA Por lo menos dos horas, quizás tres... Yo tengo mi teléfono celular. Llámame para saber a qué hora nos encontramos.

FERNANDO A ver... ¿cuál es tu número de teléfono...?

ÁNGELA ¡¿Qué?!

REBECA (*Se ríe.*) No te preocupes. Él sabe tu número mejor que el suyo. ¡Vamos!

En la tienda

ÁNGELA Ven acá, Rebeca. Mira esta falda. Hace juego con la blusa que compré ayer. Y este vestido... ¿no es precioso?

REBECA ¡Pruébatelo! Pero la falda te va a quedar grande. Busca una en talla mediana.

ÁNGELA Aquí hay una. ¿Dónde está el probador?

REBECA Allí, al lado de la caja. Yo tengo algunas cosas también... ¡Es que no tengo nada que ponerme!

En la zapatería

FERNANDO (*Al empleado*) ¿Tienen botas como éstas que sean más anchas? Éstas son un poco estrechas... Yo calzo el número cuarenta.

GONZALO (*Al empleado que le está probando unos zapatos de tenis*) Éstos me quedan bien.

EMPLEADO Y le van a durar, porque son de una marca muy buena.

A las cuatro, todos se encuentran a la salida del centro comercial. Ángela y Rebeca están cargadas de paquetes, pero Fernando y Gonzalo sólo tienen uno cada uno.

FERNANDO	(*A su novia*) No hay nadie que pueda comprar tanto como ustedes dos en un par de horas...
ÁNGELA	Hazme un favor... ¡Llama un taxi!
GONZALO	(*Bromeando*) ¡Necesitamos un camión!
REBECA	No exageres y ayúdame...
FERNANDO	¡Ahí viene uno libre! ¡Taxi!

A. Preguntas y respuestas You will now hear questions about the dialogues. Answer each one, omitting the subject. The speaker will confirm your response. Repeat the correct response.

B. Situaciones The speaker will present several situations based on the dialogue. Respond appropriately in Spanish to each situation. The speaker will confirm your response. Repeat the correct response. Follow the model.

> MODELO: You ask your friend what size shoe she takes.
> **¿Qué número calzas?**

Pronunciación

When you hear the number, read the corresponding sentence aloud. Then listen to the speaker and repeat the sentence.

1. Fernando y Gonzalo van a la zapatería.
2. ¿No dijiste que necesitabas calcetines y zapatos de tenis?
3. ¿Cuánto tiempo van a tardar en hacer sus compras?
4. Él sabe tu número mejor que el suyo.
5. Hace juego con la blusa que compré.
6. Se encuentran a la salida del centro comercial.

Estructuras

A. The familiar commands (*tú*) Answer each question you hear with the familiar **tú** command of the corresponding verb. The speaker will confirm your response. Repeat the correct response. Follow the model.

> MODELO: ¿No vas a ir al baile?
> **No, ve tú.**

B. *Tú* commands: Negative forms Answer each question you hear in the negative, using the familiar **tú** command and the corresponding object pronoun. Remember that the negative **tú** command forms are the same as **tú** forms of the present subjunctive. The speaker will confirm your response. Repeat the correct response. Follow the model.

> MODELO: ¿Abro la puerta?
> **No, no la abras.**

C. ¿Qué? and ¿cuál? used with *ser* Respond to each statement you hear by using **qué** or **cuál** to formulate the question that would elicit the statement as an answer. The speaker will confirm your response. Repeat the correct response. Follow the model.

> MODELO: Mi dirección es calle Libertad, número 120.
> **¿Cuál es su dirección?**

D. The present subjunctive to express indefiniteness and nonexistence I Answer the following questions, using the present subjunctive and the cues provided. The speaker will confirm your response. Repeat the correct response. Follow the model.

> MODELO: ¿Qué necesita? (casa / ser cómoda)
> **Necesito una casa que sea cómoda.**

1. (casa / tener garaje)
2. (secretaria / hablar español)
3. (empleado / saber francés)
4. (empleo / pagar bien)
5. (a alguien / poder trabajar los sábados)
6. (alquilar apartamento / ser grande)
7. (coche / no costar mucho)
8. (apartamento / estar amueblado)

E. The present subjunctive to express indefiniteness and nonexistence II Answer the following questions, using the present indicative and the cues provided. The speaker will confirm your response. Repeat the correct response. Follow the model.

> MODELO: ¿No hay nadie que sepa hablar inglés? (chica)
> **Sí, hay una chica que sabe hablarlo.**

1. (alguien)
2. (tres muchachos)
3. (muchas personas)
4. (una empleada)
5. (chica)

Más práctica

A. Dibujos (*Drawings*) You will hear three statements about each drawing. Choose the letter of the statement that best corresponds to the drawing. The speaker will verify your response.

1. ISABEL   a b c
2. CARLOS   a b c
3.   a b c

4. a b c

5. RITA a b c

B. Unos diálogos breves Before listening to the dialogues in this section, study the comprehension questions below. Reviewing the questions ahead of time will help you to remember key information as you listen. Then listen carefully to the dialogues and answer each question, omitting the subject. The speaker will confirm your response. Repeat the correct answer.

1.   ¿Cuándo es la fiesta de Carmen?
2.   ¿Por qué no va a poder ir Alicia a la fiesta?
3.   ¿Qué hay en la tienda La Francia?
4.   ¿Por qué no puede ir de compras Alicia?
5.   ¿Qué puede prestarle Marta a Alicia?
6.   ¿Qué talla usan Marta y Alicia?
7.   ¿Qué desea el señor?
8.   ¿Qué talla usa?
9.   ¿Cómo le queda el traje?
10. ¿Qué más va a probarse el señor?
11. ¿Dónde está el probador?
12. ¿Qué más necesita el señor?
13. ¿Qué quiere probarse la señorita?
14. ¿Qué número calza ella?
15. ¿Le quedan bien los zapatos?
16. ¿Tienen zapatos más grandes?
17. ¿Tienen una rebaja en la zapatería hoy?
18. ¿La señorita quiere comprar algo más?

C. Para contestar Answer the questions you hear, using the cues provided. The speaker will confirm your answers. Repeat the correct answer.

1.   (oficina)
2.   (tres horas)
3.   (sí)
4.   (no)
5.   (mediana)
6.   (departamento de ropa para damas)
7.   (de algodón)
8.   (de cuadros)
9.   (un reloj)
10. (un collar y un par de aretes)

D. Tome nota You will hear a conversation in which Eva and José discuss their plans to go shopping. First listen carefully for general comprehension. Then, as you listen for the second time, fill in each person's shopping list.

La lista de Eva	La lista de José
1. _____ _____	1. _____ _____
2. _____ _____	2. _____ _____
3. _____ _____	3. _____ _____
4. _____ _____	4. _____ _____
5. _____ _____	5. _____ _____

E. Dictado The speaker will read six sentences. Each sentence will be read twice. After the first reading, write what you heard. After the second reading, check your work and fill in what you missed.

1. _____

2. _____

3. _____

4. _____

5. _____

6. _____

Lección **14**

Workbook Activities

Estructuras

A. Conjunctions that are always followed by the subjunctive Nora is trying to do many things. Say what they are by completing the following sentences with the verbs given in parentheses.

1. Voy a ayudar a Eva para que (ella) _____ (poder) terminar su informe.

2. No puedo ir a la biblioteca a menos que Uds. _____ (llevarme) ni

   tampoco puedo matricularme sin que papá _____ (darme) el dinero.

3. Voy a limpiar el apartamento en caso de que mis compañeros _____

   (venir) a visitarme y voy a preparar una ensalada de pollo para que ellos

   _____ (poder) comer algo cuando lleguen. Quiero hacer todo esto antes

   de que mi compañera de cuarto _____ (venir) de la universidad.

4. Quiero llamar a Ernesto para que me _____ (traer) los libros, pero no

   puedo hacerlo a menos que tú _____ (darme) el número de su celular.

5. Yo voy a tomar física con tal de que tú la _____ (tomar) también.

B. Conjunctions that are followed by the subjunctive or indicative Some students are talking about their plans and daily activities. Complete these exchanges, using the present subjunctive or the present indicative.

1. —¿Qué vas a hacer tú en cuanto _____ (graduarte)?

    —Voy a tratar de conseguir un puesto. Y tú, ¿qué vas a hacer el próximo semestre?

    —No puedo tomar una decisión hasta que (ellos) me _____ (decir)

    si me van a dar la beca o no.

2. —¿Qué van a hacer Uds. cuando _____ (llegar) a su casa?

    —Vamos a cenar. Nosotros siempre cenamos en cuanto _____

    (llegar) porque tenemos hambre. ¿Qué vas a hacer tú?

    —Voy a estudiar. Yo nunca puedo cenar hasta que mi padre _____

    (volver) de la oficina.

3. —Mis padres siempre se enojan cuando yo _____ (olvidarme)

    de llamarlos.

    —Pues llámalos tan pronto como (nosotros) _____ (conseguir)

    un teléfono.

4. —Cuando tú _____ (ver) a Rogelio, dile que se matricule para

    el próximo semestre.

    —Él siempre se matricula tan pronto como sus padres le _____

    (mandar) el dinero.

C. Forms of the past participle Complete the following chart, providing past participles.

Participios pasados	
Español	*Inglés*
1. hablado	
2.	used
3. aprendido	
4.	written
5. recibido	
6.	died
7. comparado	
8.	returned
9. insistido	
10.	seen
11. propuesto	
12.	broken
13. terminado	
14.	done
15. matriculado	
16.	said
17. entregado	
18.	opened
19. mantenido	
20.	put
21. sido	
22.	covered

D. Past participles used as adjectives Complete each sentence so that it describes the corresponding illustration.

1. El sofá está _____

_____

2. Los niños _____

_____

3. La _____

_____

4. Los _____

_____

5. La carta _____

_____

6. La _____

_____

7. Los hombres _____

_____

8. La mujer _____

_____

9. El baño _____

_____

E. The present perfect Mariana's parents have been away. Tell them what has happened during their absence, using the present perfect of the verbs given.

1. Rosalía / graduarse

_____

2. Carlos y Amalia / decidir mudarse

_____

3. Graciela / no hacer nada

_____

4. yo / escribir un informe

_____

5. Ernesto / volver de su viaje a Argentina

_____

6. Gerardo / romper con su novia

_____

7. Ada y yo / ver varios apartamentos

_____

8. Olga y Luis / hablar con su consejero

_____

9. Gustavo / leer dos novelas

_____

10. el Sr. Paz / abrir un restaurante

_____

F. The past perfect You and I and some of our friends traveled last summer, and we did things that we had never done before. Use the past perfect to indicate what everybody had never done, according to the information provided. Follow the model.

MODELO: Los Suárez viajaron a Canadá.
Los Suárez nunca habían viajado a Canadá.

1. Yo hice un crucero.

   _____

2. Fernando y Esperanza fueron a México.

   _____

3. Tú viste las pirámides de Egipto.

   _____

4. Amalia y yo comimos comida griega (*Greek*).

   _____

5. Alberto escaló (*climbed*) montañas.

   _____

6. Tú y Elba viajaron por el Nilo.

   _____

7. Claudia se hospedó en un castillo (*castle*).

   _____

8. Mirta y Susana estuvieron en Buenos Aires.

   _____

G. Situaciones You find yourself in the following situations. What do you say?

1. You ask a friend if he/she has taken all the requirements.

   _____

2. You ask your roommate what you have to tell the plumber when he comes this afternoon.

   _____

3. You tell your roommate to leave the door open so the electrician can come in.

   _____

4. You ask a classmate whether he/she has decided what his/her major is going to be.

   _____

5. You tell your friend that you are going to study for your physics class in case your professor gives a test tomorrow. Add that you don't want to fail.

   _____

   _____

6. Ask a classmate if he/she had taken accounting and business administration before he/she came to this college.

   _____

   _____

H. Crucigrama

Horizontal

4. opuesto de **empezar**
6. opuesto de **pasado**
7. Estudio _____ de empresas.
9. lo que nos da el profesor después de un examen
10. Tenemos que _____ una decisión.
11. opuesto de **parado**
13. muy bueno
15. Necesito el _____ de clases.
16. persona que cocina en un restaurante
18. Estudia en la universidad. Es estudiante _____.
20. lo que recibimos cuando terminamos en la universidad
22. terminar la carrera
23. Voy a ir con _____ que tú vayas también.
24. ¿Mi _____? Veinte años.
25. persona que escribe libros

Vertical

1. dinero que recibe un estudiante para estudiar

2. lugar donde hacemos ejercicio
3. Mi especialización es _____ física.
5. persona que trabaja en una biblioteca
8. Sacó una "F". Él quedo _____.
12. Tiene una "A" y una "C". Su _____ es "B".
14. materia
17. materia que todos los estudiantes tienen que tomar
19. ciencia que estudia los problemas sociales
21. persona que vende

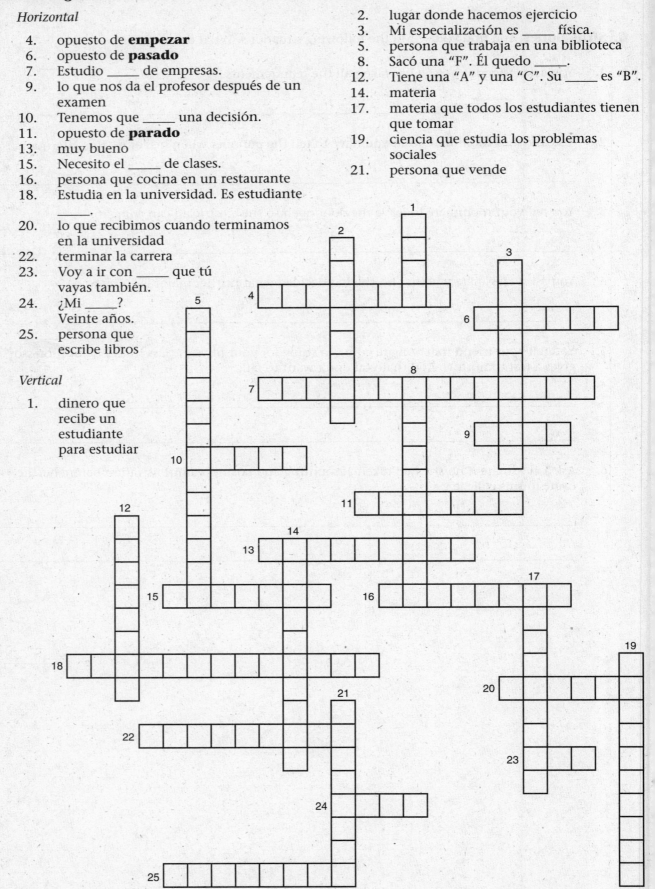

I. ¿Qué pasa aquí? Look at the illustration and answer the following questions.

1. ¿Qué nota teme recibir Andrés en el examen de química?

   _____

2. ¿Cree Julio que Andrés va a quedar suspendido?

   _____

3. ¿Qué espera el papá de Julia que estudie su hija?

   _____

4. ¿Qué quiere estudiar Julia?

   _____

5. ¿Qué cree el papá de Lola que va a pasar en el año 2008?

   _____

6. ¿Qué va a hacer Lola cuando termine el semestre?

   _____

7. ¿Qué nota cree Jorge que él va a sacar en matemáticas?

_____

8. ¿Cree Ud. que a Jorge le gusta la literatura?

_____

9. ¿Cree Ud. que Jorge estudia mucho para su clase de literatura?

_____

10. ¿Qué promedio tiene que mantener Adela para que le den la beca?

_____

11. ¿Qué cree Ud. que va a hacer Adela para que le den la beca?

_____

Panorama hispánico

Complete the following chart.

Argentina
Capital: _____
Lugar que ocupa en el mundo por su extensión: _____
Población: _____
Origen étnico de sus habitantes: _____, _____,
_____ y _____
Base de la economía tradicional: _____ y _____
Base de la economía actual: _____ y _____
Música típica: _____
Nombre que se le ha dado a Buenos Aires: _____
Una de las avenidas más anchas del mundo: _____
Atracciones turísticas del país: _____, _____,
_____ y _____

Laboratory Activities

Diálogo

Comparando notas Listen to the dialogue twice, paying close attention to the speakers' intonation and pronunciation patterns. First, listen to the entire dialogue; then, as you listen for a second time, pause the recording after each sentence and repeat after the speaker.

Mónica Valenzuela, una chica norteamericana de ascendencia mexicana, se graduó de la escuela secundaria en mayo y decidió escapar del calor de Arizona y volar a Buenos Aires. Allí visita a su amiga porteña, Norma Benedetti, que había pasado un año con ella y su familia. Mónica tuvo que llevar suéteres y un abrigo porque el 21 de junio empieza el invierno en Argentina. Hoy las dos muchachas están sentadas en un café de la avenida de Mayo, mirando pasar a la gente y hablando de sus planes para el futuro.

MÓNICA	Tú empezaste a asistir a la Facultad de Medicina en marzo, ¿no? ¿Qué tal te va?
NORMA	Me va bastante bien. Las clases son interesantísimas y pronto vamos a comenzar a trabajar en el hospital.
MÓNICA	Yo empiezo las clases en septiembre. Ya estoy matriculada en inglés, matemáticas, química, psicología y sociología. ¡Cinco requisitos!
NORMA	¿Qué otras materias son requisito?
MÓNICA	Física, biología, comunicación pública... Depende en parte de la especialización del estudiante... Oye, ¿no vamos a encontrarnos con tu hermano?
NORMA	Más tarde. Cuando él termine su última clase, me va a llamar.
MÓNICA	¡Ay! Tengo que llamar a mi mamá en cuanto lleguemos a tu casa esta noche, para que me diga si puede comprarme los libros que voy a necesitar.
NORMA	¿Ya has decidido cuál va a ser tu especialización?
MÓNICA	Bueno... todavía no he tomado ninguna decisión... Mi padre se enoja conmigo porque cuando él tenía mi edad, ya había decidido ser médico. Me gusta el periodismo, pero a veces quiero ser abogada... o arquitecta, o escritora...
NORMA	Bueno, cuando empieces a tomar clases, vas a darte cuenta de cuáles te gustan.
MÓNICA	Hasta ahora, lo único que me ha gustado siempre ha sido ir al gimnasio.
NORMA	Bueno... eso no te va a servir de mucho, ¡a menos que quieras ser profesora de educación física!
MÓNICA	¡Me has dado una magnífica idea! ¡Profesora de educación física! ¡Y quizás experta en nutrición! ¿Por qué no corremos en Palermo mañana, en caso de que tenga que ponerme en forma?
NORMA	¡No, no, no! Ya te he dicho que el único ejercicio que yo hago es ir de la sala de estar a mi cuarto... ¿Por qué no invitas a mi hermano? A él le encanta correr.
MÓNICA	¡Perfecto! Se lo voy a proponer en cuanto lo vea.
NORMA	¡Bárbaro! Con tal de que no insistas en que yo corra...

A. Preguntas y respuestas You will now hear questions about the dialogues. Answer each one, omitting the subject. The speaker will confirm your response. Repeat the correct response.

B. Situaciones The speaker will present several situations based on the dialogue. Respond appropriately in Spanish to each situation. The speaker will confirm your response. Repeat the correct response. Follow the model.

> MODELO: You ask a classmate what subjects he/she has taken.
> **¿Qué asignaturas has tomado?**

Pronunciación

When you hear the number, read the corresponding sentence aloud. Then listen to the speaker and repeat the sentences.

1. Mónica tuvo que llevar suéteres y un abrigo.
2. El 21 de junio empieza el invierno.
3. Vamos a comenzar a trabajar en el hospital.
4. Depende en parte de la especialización.
5. Todavía no he tomado ninguna decisión.
6. Me has dado una magnífica idea.

Estructuras

A. Conjunctions that are followed by the subjunctive or indicative Rephrase each statement you hear, using the cue provided. The speaker will confirm your response. Repeat the correct response. Follow the model.

> MODELO: Me escribió cuando llegó. (Me va a escribir)
> **Me va a escribir cuando llegue.**

1. (Me voy a matricular)
2. (Va a terminar)
3. (Van a esperar)
4. (Voy a salir)

B. Conjunctions that are always followed by the subjunctive Answer the following questions in the affirmative, using the cues provided. The speaker will confirm your response. Repeat the correct response. Follow the model.

> MODELO: ¿Me vas a llevar a la playa? (no llover)
> **Sí, te voy a llevar con tal que no llueva.**

1. (tener tiempo)
2. (tú / darme dinero)

Now answer the questions in the negative, using the cues provided. Follow the model.

> MODELO: ¿Van a escribir Uds. el informe? (Uds. / traernos los libros)
> **No podemos escribirlo sin que Uds. nos traigan los libros.**

3. (Uds. / darnos el número)
4. (Uds. / prestarnos el coche)

Now answer the following questions, using the cues provided. Follow the model.

> **MODELO:** ¿Piensas ir al laboratorio? (tener que trabajar)
> **Pienso ir a menos que tenga que trabajar.**

5. (hacer frío)   6. (ser muy difícil)

C. The past participle You will hear a series of verbs in the infinitive. Give the past participle of each verb. The speaker will confirm your response. Repeat the correct response. Follow the model.

> **MODELO:** hablar
> **hablado**

D. Past participles used as adjectives Answer each question you hear by saying that the action described has already been completed. The speaker will confirm your response. Repeat the correct response. Follow the model.

> **MODELO:** ¿No van a abrir los libros?
> **Están abiertos.**

E. The present perfect Change the verb in each sentence you hear to the present perfect tense. The speaker will confirm your response. Repeat the correct response. Follow the model.

> **MODELO:** Yo hablo con mi consejero.
> **Yo he hablado con mi consejero.**

F. The past perfect (pluperfect) Change the verb in each sentence you hear to the past perfect tense. The speaker will confirm your response. Repeat the correct response. Follow the model.

> **MODELO:** Ella no se fue.
> **Ella no se había ido.**

Más práctica

A. Dibujos (*Drawings*) You will hear three statements about each drawing. Choose the letter of the statement that best corresponds to the drawing. The speaker will verify your response.

1.

   a   b   c

2.

   a   b   c

3.

   a   b   c

4. a b c

5. a b c

B. Unos diálogos breves Before listening to the dialogues in this section, study the comprehension questions below. Reviewing the questions ahead of time will help you to remember key information as you listen. Then listen carefully to the dialogues and answer each question, omitting the subject. The speaker will confirm your response. Repeat the correct answer.

1. ¿Con quién habló Susana?
2. ¿Cuándo habló con él?
3. ¿Qué quiere el consejero que tome?
4. ¿Qué clases va a tomar Susana?
5. ¿Qué le gustaría ser a Susana?
6. ¿Dónde estudia Carlos?
7. ¿Qué quería ser el papá de Anita cuando era chico?
8. ¿El papá de Anita pudo ser abogado?
9. ¿Cuándo decidió ser profesor de francés?
10. ¿Cuándo fue a París?
11. ¿Dónde había estudiado francés antes?
12. ¿Qué otra asignatura le gustaba cuando estaba en la escuela secundaria?
13. ¿Qué quería escribir cuando estaba en la escuela secundaria?
14. ¿Cuándo piensa escribir un libro?

C. Para contestar Answer the questions you hear, using the cues provided. The speaker will confirm your answers. Repeat the correct answer.

1. (2003)
2. (no)
3. (el español)
4. (sí)
5. (no, nunca)
6. (cinco)
7. (sí)
8. (sí)
9. (sí)
10. (ir de vacaciones)

D. Tome nota You will hear a conversation between a student and her academic advisor. First listen carefully for general comprehension. Then, as you listen for a second time, fill in the student's name and class schedule.

Horario de clases				Sr. Sra. _____ Srta.		
Hora	lunes	martes	miércoles	jueves	viernes	sábado
8:00						
9:00						
10:00						
11:00						
12:00						
1:00						
2:00						
3:00						
4:00						
5:00						

E. Dictado The speaker will read six sentences. Each sentence will be read twice. After the first reading, write what you heard. After the second reading, check your work and fill in what you missed.

1. _____

2. _____

3. _____

4. _____

5. _____

6. _____

Hasta ahora... Una prueba

Let's combine the structure and the vocabulary from **Lecciones 13** and **14**. How much can you remember?

A. Complete the following exchanges, using the present indicative or the present subjunctive of the verbs given.

1. —¿Qué buscas?

    —Busco una bolsa que _____ (hacer) juego con mis zapatos.

    —Yo tengo una que _____ (hacer) juego con esos zapatos. Te la puedo prestar.

2. —¿Hay alguna tienda por aquí cerca que _____ (vender) artículos de cuero?

    —No, no hay ninguna tienda por aquí cerca, pero en el centro comercial hay dos tiendas que

    los _____ (vender).

3. —¿Qué vas a hacer cuando _____ (llegar) a tu casa?

    —Tan pronto como _____ (llegar) voy a empezar a estudiar, y después voy a

    cenar. ¿Y tú?

    —Yo siempre empiezo a estudiar en cuanto _____ (llegar), pero nunca ceno

    hasta que _____ (venir) mis padres.

4. —¿Vas a ir hoy al gimnasio?

    —¡Sí, con tal que mis hijos _____ (ir) conmigo!

    —En caso de que ellos no _____ (querer) ir, yo puedo acompañarte (*go with you*).

5. —¿Te vas a matricular mañana?

    —No, no puedo hacerlo sin que mis padres _____ (mandarme) dinero.

    —Yo puedo prestártelo hasta que tú lo _____ (recibir).

6. —¿Vas a hablar hoy con tu consejero?

    —Sí, voy a hablar con él en cuanto lo _____ (ver).

    —¿Qué le vas a decir cuando _____ (hablar) con él?

    —Que necesito que me dé el horario antes de que _____ (empezar) las clases.

251

B. Complete the following exchanges, using the Spanish equivalent of the words in parentheses.

1. —¿Tú sabes si la biblioteca _____ los domingos? (*is open*)

   —No, los domingos _____. (*is closed*)

2. —¿La tarjeta que recibiste _____ en inglés o en español? (*was written*)

   —_____ en inglés. (*was written*)

3. —Eva ¿_____ a Raúl? (*have you seen*)

   —No, no _____ esta semana. Sus amigos _____ que

   está de vacaciones. (*I haven't seen him / have told me*)

4. —¿Tú _____ en Chile antes? (*had been*)

   —Sí, yo _____ allí dos veces. (*had been*)

5. —Mamá, ¿me llamaste?

   —Sí, Paquito, _____ aquí, _____ un favor

   _____ los libros en la mesa. (*come / do me / put*)

   —¿Después puedo ir al jardín?

   —Sí, pero antes _____ a casa de Marta y _____ que

   venga a las cinco. (*go / tell her*)

6. —Marisol, ¿_____ el número de teléfono de Mario? (*what is*)

   —No sé el número de teléfono, pero sé _____ su dirección. (*what is*)

7. —Ernesto, ¿tú sabes _____ el mate? (*what is*)

   —Sí, es una bebida argentina.

C. Arrange the following vocabulary in groups of three, according to categories.

liquidación	botas	almacén	librería	grande	ancho
electricista	biología	hermoso	de rayas	nota	rayón
arquitecto	precioso	aretes	algodón	plomero	libro
centro comercial	rebaja	collar	pequeño	zapatos	estrecho
quedar suspendido	ingeniero	leer	vestido	anillo	bonito
carpintero	química	seda	ganga	física	promedio
de lunares	tienda	angosto	calzar	falda	abogado
de cuadros	blusa	mediano			

1. _____ _____ _____

2. _____ _____ _____

3. _____ _____ _____

4. _____   _____   _____

5. _____   _____   _____

6. _____   _____   _____

7. _____   _____   _____

8. _____   _____   _____

9. _____   _____   _____

10. _____   _____   _____

11. _____   _____   _____

12. _____   _____   _____

13. _____   _____   _____

14. _____   _____   _____

15. _____   _____   _____

Un paso más

A. Read the ad below, and then answer the questions that follow.

C U R S O S   D E   V E R A N O
UNIVERSIDAD CENTRAL

Ofrecemos clases en las siguientes materias:

Periodismo	Física
Biología	Sociología
Idiomas	Química

Matrícula abierta
de lunes a jueves,
de 8:00 a 12:00 y de
2:00 a 5:00

**Tenemos becas
disponibles para
estudiantes con un
promedio de "B" o
más.**

Nota: Para poder graduarse necesita haber aprobado todas las asignaturas correspondientes a su carrera en cursos regulares y haber llenado todos los requisitos.

Para más información visite nuestras oficinas en avenida 9 de Julio No. 564, o llame a nuestros teléfonos 4381-6758 y 4381-9742

1. ¿Cómo se llama la universidad?

   _____

2. ¿Dónde tiene sus oficinas?

   _____

3. ¿En qué estación del año se ofrecen las clases?

   _____

4. ¿Cuándo está abierta la matrícula?

   _____

5. ¿A qué hora puedo ir a matricularme?

_____

6. ¿Puedo ir los sábados? ¿Por qué?

_____

7. ¿Qué materias de ciencias puedo tomar?

_____

8. ¿Qué otros cursos se ofrecen?

_____

9. ¿Qué promedio necesito tener para solicitar una beca?

_____

10. Para graduarme, ¿puedo haber quedado suspendido en alguno de mis cursos regulares?

_____

B. You are going on a vacation trip, and you will be on a very elegant beach resort for a week. Make a list of all the clothes that you will need to take with you. When you select your clothes, keep in mind the activities that you plan to do during your vacation. Explain why you are taking the different types of clothes.

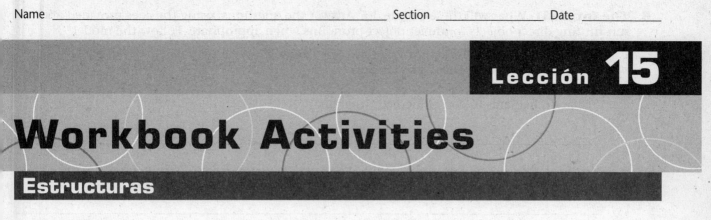

Workbook Activities

Estructuras

A. The future I Complete the chart with the corresponding forms of the future tense.

Infinitive	yo	tú	Ud., él, ella	nosotros	Uds., ellos, ellas
1. sacar					
2. decir	diré				
3. hacer		harás			
4. querer			querrá		
5. saber				sabremos	
6. poder					podrán
7. caber	cabré				
8. poner		pondrás			
9. venir			vendrá		
10. tener				tendremos	
11. salir					saldrán
12. valer	valdré				
13. ir		irás			
14. ser			será		

B. The future II What will these people do? Answer the questions, using the cues provided and substituting direct objects for direct object pronouns when appropriate. Follow the model.

MODELO: ¿Cuándo visitarán ustedes a la Sra. Fuentes? (el viernes)
La visitaremos el viernes.

1. ¿Cuándo hablarás tú con el médico? (mañana)

   _____

2. ¿Cuándo irán ustedes al consultorio del doctor Mena? (la semana próxima)

   _____

3. ¿Cuándo sabrás tú el resultado del examen? (esta tarde)

   _____

4. ¿Cuándo podrá venir la enfermera? (esta noche)

   _____

5. ¿Dónde pondrás las aspirinas? (en tu cuarto)

   _____

6. ¿Con quién vendrás al hospital? (con David)

   _____

7. ¿Traerán Uds. los antibióticos? (sí)

   _____

8. ¿Qué tendremos que hacer él y yo? (comprar el remedio)

   _____

9. ¿Dónde pondrás la silla de ruedas? (en el coche)

   _____

10. ¿A qué hora saldrán ustedes mañana? (a las seis)

    _____

C. The conditional I You are giving information about what everyone, including yourself, intended to do. Follow the model.

MODELO: ¿Qué dijo él? (venir)
Dijo que vendría.

1. ¿Qué dijo usted? (ir a la sala de emergencia)

   _____

2. ¿Qué dijo Magali? (descansar mañana)

   _____

3. ¿Qué dijeron ustedes? (salir temprano)

   _____

4. ¿Qué dije yo? (traerme un cafecito) (*Use* **tú** *form*)

   _____

5. ¿Qué dijeron tus padres? (prestarme dinero)

   _____

6. ¿Qué dijo la enfermera? (ponerle una inyección al niño)

   _____

7. ¿Qué dijimos Rafael y yo? (ir a Asunción)

   _____

8. ¿Qué dijiste? (tener que llamar una ambulancia)

   _____

9. ¿Qué dijeron ellos? (ustedes no saber el resultado del análisis)

   _____

10. ¿Qué dijo el médico? (no poder vernos hoy)

    _____

D. The conditional II Complete the following sentences, using the conditional tense.

En un mundo perfecto, ...

1. ... yo _____ (levantarse) más temprano y

    _____ (acostarse) más tarde. _____ (Ir)

    a la biblioteca los sábados y _____ (estudiar) hasta las cinco.

    _____ (Salir) de mi casa a las siete y

    _____ (pasar) una hora en la biblioteca, estudiando.

2. ... mis padres _____ (trabajar) menos y

    _____ (divertirse) más. _____ (Tener)

    más tiempo libre y _____ (hacer) muchas cosas que siempre han

    querido hacer.

3. ... todos nosotros _____ (ahorrar) más dinero y

    _____ (poder) comprar el coche que queremos.

4. ... tú _____ (mantener) un promedio de "A",

    _____ (conseguir) una beca y _____

    (graduarse) con honores.

E. The future perfect The following is what will have happened at our house by 11 o'clock. Complete each statement, using the future perfect of the verbs given.

1. Mi hermano y yo _____ (limpiar) el garaje.

2. Mi mamá _____ (ir) al hospital a visitar a mi tía.

3. Yo _____ (volver) de la oficina.

4. Los chicos _____ (hacer) la tarea (*homework*).

5. Tú _____ (hablar) con el médico.

6. Ustedes _____ (preparar) la cena.

7. Todos nosotros _____ (cenar).

8. Mis padres _____ (acostarse).

F. The conditional perfect I Complete the chart with the corresponding forms of the conditional perfect tense.

	English	Subject	Conditional *haber*	Past participle
1.	I would have gone.	**Yo**	**habría**	**ido.**
2.	You would have walked.	Tú		
3.	He would have come.			venido.
4.	She would have worked.	Ella		
5.	We would have finished.		habríamos	
6.	I would have helped.			ayudado.
7.	They would have had lunch.			almorzado.
8.	I would have danced.		habría	
9.	You would have called.	Tú		
10.	He would have written.		habría	
11.	She would have driven.	Ella		
12.	We would have eaten.		habríamos	
13.	They would have returned.			vuelto.

G. The conditional perfect II Complete the following sentences to say what everyone would have done before graduating from college, using the conditional perfect tense.

Antes de graduarnos, ...

1.   ... yo _____ (tomar) los requisitos antes (*sooner*).

2.   ... tú _____ (solicitar) una beca.

3.   ... mi hermano _____ (jugar) al fútbol americano.

4.   ... mi hermana _____ (aprender) otros idiomas.

5.   ... mi compañera de cuarto _____ (estudiar) más.

6. ... mi novio y yo _____ (ir) a todos los partidos.

7. ... Uds. _____ (gastar) menos dinero.

8. ... yo _____ (mantener) un promedio de "A".

H. Review of the tenses of the indicative Complete the following dialogues, using the verbs given in parentheses and the tenses indicated.

1. *Presente*

—¿Dónde _____ (estar) mi libro? No lo _____

(encontrar).

—Yo no _____ (saber). Tú nunca lo _____

(poner) en tu escritorio.

—¿Tú _____ (poder) prestarme el tuyo?

—No, no lo _____ (tener) aquí.

2. *Pretérito*

—¿Tú _____ (ir) al cine anoche?

—No, no _____ (poder) ir porque _____

(tener) que estudiar. ¿Qué _____ (hacer) tú?

—Yo _____ (trabajar) hasta las nueve y

_____ (volver) a casa a las diez.

3. *Imperfecto*

—¿Uds. _____ (ir) a todos los partidos de fútbol cuando

_____ (estar) en la universidad?

—Sí, _____ (ser) fanáticos de los deportes (*sports*). También

_____ (ver) todos los partidos en la televisión, ¿y tú?

—Yo _____ (preferir) ir a fiestas.

4. *Futuro*

—¿Qué _____ (hacer) tú mañana? ¿_____

(Ir) al club?

—No, no _____ (poder) ir porque _____

(tener) que estudiar para el examen parcial.

5. *Conditional*

   —Voy a tomar química.

   —Yo no la _____ (tomar) este semestre. _____

   (Esperar) hasta el próximo semestre.

   —En ese caso _____ (tener) que tomar biología y eso

   _____ (ser) más difícil.

6. *Pretérito perfecto*

   —¿Dónde _____ (estar) tú hoy?

   —_____ (Estar) en la universidad, hablando con unos jóvenes que

   _____ (venir) de Cuba. ¿Y qué _____

   (hacer) Uds.?

   —No _____ (hacer) nada.

7. *Pluscuamperfecto*

   —Cuando tú llegaste a casa, ¿ya _____ (venir) los carpinteros?

   —No, porque Olga no los _____ (llamar).

8. *Futuro perfecto*

   —Yo ya _____ (graduarme) para el año 2012. Y Uds.,

   ¿_____ (terminar) su carrera?

   —Sí, y _____ (empezar) a trabajar.

9. *Condicional perfecto*

   —De haber sabido que esta asignatura era tan difícil, yo no la _____

   (tomar).

   —Eva y yo no la _____ (tomar) tampoco.

   —¿Qué _____ (hacer) Uds.?

   —_____ (tomar) literatura.

I. Las partes del cuerpo Write the parts of the body that correspond to the numbers in the illustrations.

1. _____

2. _____

3. _____

4. _____

5. _____

6. _____

7. _____

8. _____

9. _____

10. _____

11. _____

12. _____

13. _____

14. _____

15. _____

16. _____

17. _____

18. _____

J. El mundo de la medicina Supply the missing words. The letters in the center column will form a Spanish proverb. Write the proverb on the line provided below.

1. Trabaja con un médico; es _____.   _ _ _ |_| _ _ _ . _ _

2. Soy _____ a la penicilina.   _ |_| _ _ _ _ _

3. Tiene una _____ de 39 grados.   _ |_| _ _ _ _ _ _ _ _

4. Cuando me duele la cabeza tomo _____.   _ _ _ |_| _ _ _

5. El médico me _____ una medicina ayer.   _ |_| _ _ _ _

6. Lo llevaron al hospital en una _____.   _ |_| _ _ _ _ _ _

7. Es un antibiótico.   _ |_| _ _ _ _ _ _ _ _

8. Está en el consultorio del _____.   _ _ _ _ |_|

9. Tuvo un _____; lo llevaron al hospital.   _ _ _ _ |_| _ _

10. Está en la _____ de emergencia.   _ |_| _ _ _

11. Veo con los _____.   _ |_| _ _ _

12. _____ X   _ |_| _ _ _ _

13. Tengo _____ de cabeza.   _ _ |_| _ _

Proverbio: _____

K. Situaciones You find yourself in the following situations. What do you say?

1. You ask a friend if she would like to live in a colonial house with fruit trees and an enormous garden.

   _____

   _____

2. You ask a classmate what he will have to do tomorrow. You tell him that you will have to go to the doctor because you don't feel well.

   _____

   _____

3. You are talking to your doctor and describing your symptoms: your throat hurts, your head hurts, and you are coughing a lot.

_____

_____

4. You want to visit a friend tomorrow night. Ask her if she will have gone to bed by ten.

_____

_____

5. A friend of yours and his family went to Nebraska on vacation. You tell him where you and your family would have gone.

_____

_____

6. Your friend is sick. You tell her that you hope she gets better soon.

_____

_____

L. Crucigrama

Horizontal

3. Es rubia, de _____ azules.
6. ¿Quieres miel de _____?
9. Hubo un accidente. Llame una _____.
10. medicina
12. penicilina, por ejemplo
14. Le pusieron una inyección _____.
16. muy, muy grande
18. Tengo árboles _____ en mi patio.
20. El médico está en su _____.
21. Elsa está _____. Va a tener el bebé en julio.
22. comer algo por la tarde
23. Necesita una silla de _____.
24. Si tiene una temperatura de 103 grados, tiene _____.

Vertical

1. La necesitamos para hablar.
2. Es parte de la pierna.
4. examen
5. resfriado
7. Está en la sala de rayos X. Le van a hacer una _____.
8. ¿No puedes ir? ¡Qué _____!
11. Son parte de la mano.
12. Las tomo cuando me duele la cabeza.
13. romperse
15. a la perfección
17. opuesto de **empeorarse**
19. Los necesitamos para comer.

Name _____ Section _____ Date _____

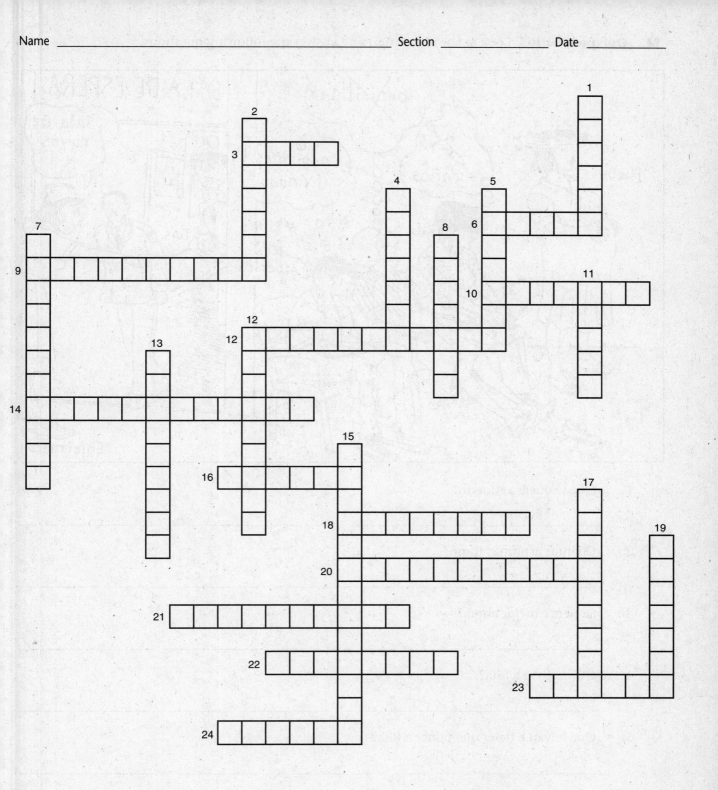

M. ¿Qué pasa aquí? Look at the illustration and answer the following questions.

1. ¿Qué le duele a Alberto?

   _____

2. ¿Cuántas aspirinas tomó?

   _____

3. ¿Se siente mejor ahora?

   _____

4. ¿Qué le pasó a Rita?

   _____

5. ¿Qué le van a tener que poner a Rita?

   _____

6. ¿Cuándo fue la última vez que le pusieron una inyección antitetánica?

   _____

7. ¿Cómo trajeron a Luis al hospital?

   _____

8. ¿Adónde lo llevan?

_____

9. ¿Se siente bien Isabel?

_____

10. ¿Está embarazada Isabel?

_____

11. ¿A qué medicina es alérgica Rosa?

_____

Para leer

Del diario de Ana Luisa

Jueves, 15 de febrero

Querido diario:

¡Ayer fue un desastre! Cuando me levanté no me sentía bien y me dolía la garganta. Llamé al Dr. Medina, pero él no estaba. Tuve que ir a ver a otro médico. Llegué a su consultorio a eso de las nueve y estuve allí hasta las once. Me recetó un antibiótico y me dijo que tenía gripe y que tenía que descansar. No pude ir a mi clase de química y el profesor dio un examen.

Anoche fue la fiesta de Juliana y yo no pude ir. Mamá me hizo té con miel de abeja y me acosté. A las nueve, Juliana me llamó para decirme que Carlos estaba en la fiesta con Marisol. De haber sabido que él iba a ir con ella, habría ido a la fiesta.

Bueno... creo que lo que tengo es contagioso porque tengo una temperatura de 39 grados.

Mañana tendré que llamar a Carlos y decirle que estoy enferma. Además, lo voy a invitar a ir a la discoteca con todos nuestros amigos porque para entonces ya me habré curado. Yo creo que a él le gustaría ir a bailar. ¡Pero no pienso decirle nada a Marisol!

Bueno, espero sentirme mejor mañana. Voy a tomar dos aspirinas porque todavía me duele la cabeza. ¡Hasta mañana! ¡El sábado estaré bailando con Carlos!

¡Conteste! Answer the following questions based on the reading.

1. ¿Ayer fue un buen día para Ana Luisa?

_____

2. ¿Cómo se sentía cuando se levantó?

_____

3. ¿Quién es el médico de Ana Luisa?

_____

4. ¿Por qué tuvo que ver a otro médico?

_____

5. ¿A qué hora llegó a su consultorio?

_____

6. ¿Hasta qué hora estuvo allí?

_____

7. ¿Qué le recetó el médico?

_____

8. ¿Qué le dijo?

_____

9. ¿Qué dio el profesor de química?

_____

10. ¿A dónde no pudo ir Ana Luisa anoche?

_____

11. ¿Qué tomó Ana Luisa antes de acostarse?

_____

12. ¿Para qué llamó Juliana a Ana Luisa?

_____

13. ¿Qué habría hecho Ana Luisa de haber sabido que Carlos iba a ir a la fiesta con Marisol?

_____

14. ¿Por qué cree Ana Luisa que lo que tiene es contagioso?

_____

15. ¿Para qué tendrá que llamar mañana a Carlos?

_____

16. ¿Por qué cree Ana Luisa que podrá ir a la discoteca el sábado?

_____

17. ¿Ana Luisa piensa invitar a Marisol?

_____

18. ¿Por qué va a tomar dos aspirinas Ana Luisa?

_____

Panorama hispánico

Complete the following charts.

Paraguay

Capital: _____

Población _____

Idiomas oficiales: _____ y _____

Planta hidroeléctrica importante: _____

Principales vías de transporte: _____

Significado (*Meaning*) de la palabra guaraní "Iguazú": _____

Bolivia

Capitales: _____ y _____

Otras ciudades importantes: _____,

_____ y _____

Lago navegable más alto del mundo: _____

Grupos indígenas más importantes: _____ y

_____ .

Nombre que se le ha dado: _____

Ruinas milenarias: _____

Laboratory Activities

Diálogos

¿Qué síntomas tiene Adriana? Listen to the dialogues twice, paying close attention to the speakers' intonation and pronunciation patterns. First, listen to the entire dialogue; then, as you listen for a second time, pause the recording after each sentence and repeat after the speaker.

La familia Vargas, de Villarrica, Paraguay, vive ahora en Asunción, en una casa de tipo colonial, con árboles frutales en el patio y un jardín enorme. Adriana, la hija menor, está en la sala, hablando por teléfono con una compañera de la universidad.

ADRIANA	¿Anabel? Habla Adriana. Hoy no quiero ir a la facultad, de modo que le voy a decir a mi mamá que no me siento bien. ¿Te gustaría venir a visitarme esta tarde? Podríamos mirar la tele y comer algo. Bueno... ¡te espero a eso de las cuatro! ¡Chau!

Adriana se acuesta en el sofá de la sala y llama a su mamá.

ADRIANA	Mamá... Tendré que quedarme en casa hoy. Creo que tengo catarro... o gripe... o pulmonía... Me duele la cabeza, me duele la garganta y ¡tengo fiebre! (*Tose.*)
DOÑA EVA	¡Tienes tos! Sería una buena idea llevarte al médico. El doctor Viñas está en su consultorio...
ADRIANA	No, no será necesario que me vea. Me quedaré en casa, tomaré dos aspirinas y mañana estaré perfectamente bien. ¡Ya verás!
DOÑA EVA	Bueno, mi hija, pero tendrás que acostarte y tomar una taza de té bien caliente, con miel de abeja. Voy a llamar al médico para que te recete algún antibiótico.

Más tarde suena el timbre. La criada abre la puerta.

CRIADA	Señora, aquí hay un joven que quiere hablar con la señorita Adriana.
DOÑA EVA	¡Ignacio! ¡Qué gusto de verte! De haber sabido que venías, habría preparado algo para merendar. ¿Un cafecito?
IGNACIO	No, gracias, señora. ¡No se moleste! Vine a preguntarle a Adriana si le gustaría ir a una fiesta en la embajada de Bolivia esta noche.
DOÑA EVA	¡Ay, qué lástima! Adriana está enferma. Tiene una temperatura de 39 grados, creo... Supongo que lo que tiene es contagioso... ¡Menos mal que hoy es viernes! Para el lunes ya se habrá curado y podrá volver a la universidad.
ADRIANA	¡No, mamá! Para esta noche ya habré tomado un montón de remedios, y me sentiré mejor...
IGNACIO	No, Adriana... podrías empeorarte. Necesitas descansar... Voy a llamar a Carolina, a ver si ella puede ir conmigo. ¡Ojalá que te mejores pronto!

A. Preguntas y respuestas You will now hear questions about the dialogues. Answer each one, omitting the subject. The speaker will confirm your response. Repeat the correct response.

B. Situaciones The speaker will present several situations based on the dialogue. Respond appropriately in Spanish to each situation. The speaker will confirm your response. Repeat the correct response. Follow the model.

> MODELO: You tell a friend that you don't feel well.
> **No me siento bien.**

Pronunciación

When you hear the number, read the corresponding sentence aloud. Then listen to the speaker and repeat the sentence.

1. ¿Te gustaría venir a visitarme esta tarde?
2. Creo que tengo catarro o gripe.
3. Sería una buena idea llevarte al médico.
4. Voy a llamar al médico para que te recete algún antibiótico.
5. Tiene una temperatura de treinta y nueve grados.
6. Supongo que lo que tiene es contagioso.

Estructuras

A. The future Answer each question in the affirmative, using the future tense. The speaker will confirm your response. Repeat the correct response. Follow the model.

> MODELO: ¿Tú vas a ir a Asunción?
> **Sí, iré a Asunción.**

B. The conditional You will hear some statements about what people are going to do. Using the cues provided, say what others would do. The speaker will confirm your response. Repeat the correct response. Follow the model.

> MODELO: Carlos va al hospital hoy. (yo / mañana)
> **Yo iría mañana.**

1. nosotros / por la noche
2. ustedes / un libro
3. yo / en un restaurante
4. ella / mañana
5. tú / café

6. nosotros / a las diez
7. yo / el domingo
8. Nora / a las siete
9. él / en su cuarto
10. yo / más tarde

C. The future perfect Respond to the following questions, using the cues provided and the future perfect tense. The speaker will confirm your response. Repeat the correct response. Follow the model.

> MODELO: ¿Qué habrá hecho Jorge para las ocho? (cenar)
> **Para las ocho habrá cenado.**

1. (empezar a trabajar)
2. (levantarme)
3. (terminar el trabajo)

4. (hablar con el médico)
5. (ir al hospital)

D. The conditional perfect Respond to each statement you hear, using the cue provided and the conditional perfect tense. The speaker will confirm your response. Repeat the correct response. Follow the model.

MODELO: Luis no entendió nada. (tú)
Tú tampoco habrías entendido nada.

1. (yo)
2. (tú)
3. (ella)

4. (ustedes)
5. (usted)
6. (nosotros)

Más práctica

A. Dibujos (*Drawings*) You will hear three statements about each drawing. Choose the letter of the statement that best corresponds to the drawing. The speaker will verify your response.

1.

a   b   c

2.

a   b   c

3.

a   b   c

4.
a   b   c

5.

a   b   c

B. Unos diálogos breves Before listening to the dialogues in this section, study the comprehension questions below. Reviewing the questions ahead of time will help you to remember key information as you listen. Then listen carefully to the dialogues and answer each question, omitting the subject. The speaker will confirm your response. Repeat the correct answer.

1. ¿Qué hora era cuando Pablo llegó?
2. ¿Por qué no pudo venir más temprano?
3. ¿A qué hora se acostó Dora?
4. ¿Por qué se acostó tan temprano?
5. ¿Qué tomó?
6. ¿Cómo se siente ahora?
7. ¿Cuánto tiempo hace que la señora tiene dolor de estómago?
8. ¿Qué medicina toma cuando le duele mucho el estómago?
9. ¿Qué le va a dar el médico?
10. ¿Qué van a hacerle a la señora si no se siente mejor?
11. ¿Qué le pasó a Roberto?
12. ¿Lo atropelló un coche?
13. ¿Adónde lo llevaron?
14. ¿Le hicieron radiografías de la pierna?
15. ¿Qué se cortó Roberto?
16. ¿Por qué no le pusieron una inyección antitetánica?
17. ¿Por qué va a tomar dos aspirinas?

C. Para contestar Answer the questions you hear, using the cues provided. The speaker will confirm your answers. Repeat the correct answer.

1. (no)
2. (al cine)
3. (aspirinas)
4. (sí)
5. (Nyquil)
6. (la semana próxima)
7. (Pepto Bismol)
8. (no)
9. (sí)
10. (sí)

D. Tome nota You will hear a conversation between a doctor and a patient. First listen carefully for general comprehension. Then, as you listen for a second time, fill in the information requested.

Hoja Clínica

Nombre del paciente: _____

Síntomas: _____

_____

Medicinas que está tomando: _____

_____

Alergias: _____

_____

Radiografías de: _____

_____

Próxima visita: _____

_____

E. Dictado The speaker will read six sentences. Each sentence will be read twice. After the first reading, write what you heard. After the second reading, check your work and fill in what you missed.

1. _____

2. _____

3. _____

4. _____

5. _____

6. _____

Workbook Activities

Estructuras

A. The imperfect subjunctive: Forms Complete the following chart with the corresponding imperfect subjunctive forms.

Infinitive	yo	tú	Ud., él, ella	nosotros	Uds., ellos, ellas
1. ganar	ganara	ganaras	ganara	ganáramos	ganaran
2. acampar			acampara		acamparan
3. cerrar		cerraras		cerráramos	
4. volver			volviera		volvieran
5. pedir					pidieran
6. conseguir	consiguiera				
7. tener			tuviera		
8. poder				pudiéramos	
9. hacer		hicieras			hicieran
10. venir	viniera		viniera		
11. traer				trajéramos	
12. poner		pusieras			
13. decir	dijera				dijeran
14. ser		fueras		fuéramos	
15. dar			diera		
16. querer		quisieras			
17. saber			supiera		

B. The imperfect subjunctive: Uses I Read these statements, which tell others what to do, express doubt, or express emotion. Then rewrite each statement in the past tense, using the cue provided.

1. Quiero que tú vayas al estadio.

   Quería _____

2. Prefiero que compres las entradas hoy.

   Prefería _____

3. Te sugiero que llames a Rodolfo para que vaya contigo a acampar.

   Te sugerí _____

4. Dudo que nosotros podamos ir con Uds. a la playa.

   Dudaba _____

5. Es necesario que traigan las raquetas.

   Era _____

6. ¿Hay algún deporte que te guste?

   ¿Había _____?

7. No creo que haya nadie que pueda armar la tienda de campaña.

   No creí _____

8. Necesitamos a alguien que sepa hacer un asado.

   Necesitábamos _____

9. Siento que ella no tenga el traje de baño aquí.

   Sentí _____

10. Te ruego que los llames y les digas que vengan a la cabaña.

    Te rogué _____

11. Me alegro de que no estés aburrida.

    Me alegré _____

12. Temo que Raúl no sea el campeón.

    Temía _____

C. The imperfect subjunctive: Uses II A very bossy aunt told everyone what to do and what not to do. Indicate this by writing sentences describing what she told everybody.

MODELO: a Roberto / traer la caña de pescar
A Roberto le dijo que trajera la caña de pescar.

1. a mí / no jugar al golf

_____

2. a mi hermana / no ir a esquiar

_____

3. a ti / hacer las camas

_____

4. a nosotros / volver temprano

_____

5. a Uds. / empezar a cocinar

_____

6. a ella / no montar a caballo

_____

7. a Ud. / servir el desayuno

_____

8. a él / dejarla tranquila

_____

D. Some uses of the prepositions *a*, *de*, and *en* These are exchanges heard at a gym. Complete them, using **a**, **de**, or **en** as necessary.

1. —¿_____ qué hora van _____ ir Uds.

   _____ pescar?

   —Nosotros no pescamos. Compramos el pescado _____ la pescadería.

2. —¿Cómo es tu prima?

   —Es rubia _____ ojos azules. Es la más bonita _____

   la familia.

   —¿_____ qué hora viene ella hoy?

   —Viene _____ la una _____ la tarde.

3. —¿Tú conoces _____ Elías?

   —Sí, él me va _____ enseñar _____ bucear.

4. —¿Cuándo vas a empezar _____ estudiar.

   —Cuando Rodolfo llegue _____ mi casa.

5. —¿Vas a Montevideo _____ avión?

   —No, _____ barco.

E. The present perfect subjunctive Ariel is busy sending three e-mails. Complete each one, using the present perfect subjunctive.

1. Luis:

   Espero que tú _____ (divertirse) en Punta del Este y que

   _____ (ganar) el partido de tenis. Mi hermano todavía está conmigo.

   Temo que _____ (aburrirse) como una ostra porque yo tengo mucho

   trabajo.

2. Georgina:

   Me alegro de que tú y tus hermanas _____ (ir) a Río. Espero que

   _____ (broncearse) en Ipanema y que _____ (tener)

   la oportunidad de hacer *surfing*.

3. Papá:

No es verdad que Adolfo y yo _____ (pasar) todo el tiempo en el

apartamento. Yo sé que mamá duda que yo lo _____ (llevar) a la playa,

pero hemos ido tres veces.

F. Situaciones You find yourself in the following situations. What do you say?

1. You ask a friend if he would like to go to your parents' cabin with you. Add that it is at your disposal.

   _____

   _____

2. You had quite a weekend! Tell someone that you fell in the lake and you almost drowned.

   _____

   _____

3. You are talking about your friend Carlos. Tell someone that he is in love, and that the girl is beautiful and is not proud at all.

   _____

   _____

4. Ask your friend if he/she wants to be a lifeguard. Add that he/she can sunbathe and get a tan.

   _____

   _____

5. Tell someone about a fun weekend you had a while back. You went fishing, you went camping, and you had a picnic with your friends.

   _____

   _____

G. Crucigrama

Horizontal

3. Voy a tomar el sol para _____.
6. Compré una _____ para jugar al tenis.
7. opuesto de **este**
9. Trabaja de _____ en la playa.
11. Necesito la _____ de mar.
12. ¿Dónde está tu _____ de baño?
15. Ellos van a _____ montañas.
16. Él practica el esquí _____.
17. Hoy vamos al _____ para ver el partido de fútbol.
21. Compramos dos _____ para el partido de fútbol.
22. Paquito no sabe montar en _____.
24. Me gustan las actividades al aire _____.
25. opuesto de **perder**
26. Podemos usar el velero. Está a nuestra _____.

Vertical

1. No me gusta _____ a caballo.
2. opuesto de **ciudad**
4. Vamos a Colorado para _____.
5. Rosa va a ir a pescar. Necesita la caña de _____.
8. Compré una _____ para ir a cazar.
10. opuesto de **divertirse**
13. Ellos no pudieron armar la tienda de _____.
14. Tiene mucho, mucho dinero. Es _____.
18. opuesto de **sur**
19. Tengo una canoa, pero no sé _____.
20. Necesito mis _____ de golf.
23. Tiene cuatro años y ya asiste al jardín de _____.

H. ¿Qué pasa aquí? Look at the illustration and answer the following questions.

1. ¿Cree Ud. que a estas personas les gustan las actividades al aire libre?

    _____

2. ¿Fernando quiere montar en bicicleta?

    _____

3. ¿Para qué va a necesitar Fernando una escopeta?

    _____

4. ¿Qué están planeando Darío y Ana? ¿Quieren ir al mismo (*same*) lugar?

    _____

5. ¿Qué no le gusta hacer a Ana?

    _____

6. ¿Qué prefiere hacer?

    _____

7. ¿Darío quiere ir a un hotel o prefiere acampar?

_____

8. ¿Qué van a necesitar Ana y Darío si piensan acampar?

_____

9. ¿Qué cree Ud. que le gusta a Jorge?

_____

10. ¿Cree Ud. que Jorge se va a divertir o que se va a aburrir durante sus vacaciones?

_____

11. ¿Ud. cree que Olga y Luis van a pasar sus vacaciones en Arizona o en Vermont?

_____

12. ¿Olga y Luis van a ir a un hotel?

_____

Panorama hispánico

Complete the following charts.

Uruguay
Capital: _____
Nombre oficial: _____
Población: _____
Base de la economía tradicional: _____ y _____
Bebida nacional: _____
Deporte nacional: _____
Famoso centro turístico: _____

Brasil

Capital: _____

Idioma oficial: _____

Países con los cuales no limita: _____ y _____

Principal producto agrícola: _____

Ciudades más importantes: _____ y _____

Celebración más famosa del mundo: _____

Playas famosas: _____ y _____

Otras atracciones turísticas: _____, _____,

_____ y _____.

Laboratory Activities

Diálogo

Ramón no es muy atlético Listen to the dialogue twice, paying close attention to the speakers' intonation and pronunciation patterns. First, listen to the entire dialogue; then, as you listen for a second time, pause the recording after each sentence and repeat after the speaker.

Ramón, Isabel, Néstor y Estrella son cuatro amigos inseparables que se conocen desde que estaban en el jardín de infantes en una escuelita de Montevideo. Hoy están en la casa de Isabel, charlando y tomando mate. Isabel y Estrella estaban leyendo la revista TodoVida cuando los muchachos llegaron y ahora les están contando algo sobre un artículo.

ISABEL	El artículo es sobre cómo viven los millonarios, especialmente cuando se van de vacaciones... a esquiar a Bariloche, a escalar montañas en Chile, a hacer *surfing* en Río de Janeiro...
RAMÓN	Yo traté de hacer *surfing* una vez... ¡Casi me ahogo!
ESTRELLA	¡Ay, Ramón! Y aquella vez que fuimos a patinar, ¡te caíste como diez veces!
NÉSTOR	¡Dejen tranquilo al pobre Ramón! ¿Quieren ver el partido de fútbol el domingo? Juega Peñarol.
ISABEL	¿En el estadio? ¿Podemos conseguir entradas?
NÉSTOR	No, en mi casa. Mis padres invitaron a unos amigos de ellos a un asado, y van a estar en el patio. ¡Tenemos el televisor a nuestra disposición!
RAMÓN	¡Y asado! ¿Y le pediste a tu mamá que hiciera empanadas?
ESTRELLA	Bueno, si vamos a comer asado y empanadas, Isabel y yo aceptamos... ¡Si ustedes van a misa con nosotras!
ISABEL	(*Mira la revista.*) Aquí hay otro artículo sobre Fernando Peñarreal, el campeón de tenis... ¡Es divino! Y no hay nadie que haya viajado tanto como él... ¡ni ganado tantos partidos!
ESTRELLA	Todas las chicas están enamoradas de él. ¡Y dicen que no es nada orgulloso! Los fines de semana le gusta ir a acampar con sus amigos... ¡Y sabe armar su propia tienda de campaña!
RAMÓN	Yo tengo una tienda de campaña, pero es de plástico...
NÉSTOR	¡Tengo una idea! ¿Por qué no vamos a pescar...?
RAMÓN	¡¿Estás loco?! ¡Yo trabajo en una pescadería! Y mi papá me dijo que comprara pescado para la cena de esta noche...
ISABEL	Además, ¡Estrella y yo nos aburriríamos como ostras! ¿Por qué no hacemos un picnic en Pocitos mañana? Podemos nadar un poco... broncearnos... jugar al vólibol... ¡es más divertido!
RAMÓN	¡Exactamente! Y, lo que es más importante, ¡es gratis!
NÉSTOR	(*Bromeando*) ¡Y yo te puedo enseñar a hacer *surfing*...!
RAMÓN	No, gracias... ¡Dame otro mate!

A. Preguntas y respuestas You will now hear questions about the dialogues. Answer each one, omitting the subject. The speaker will confirm your response. Repeat the correct response.

B. Situaciones The speaker will present several situations based on the dialogue. Respond appropriately in Spanish to each situation. The speaker will confirm your response. Repeat the correct response. Follow the model.

> MODELO: You ask a friend what his father told him to do.
> **¿Qué te dijo tu padre que hicieras?**

Pronunciación

When you hear the number, read the corresponding sentence aloud. Then listen to the speaker and repeat the sentence.

1. Son cuatro amigos inseparables.
2. Te caíste como diez veces.
3. Tenemos el televisor a nuestra disposición.
4. No hay nadie que haya viajado tanto como él.
5. Podemos nadar y broncearnos.
6. Nos aburriríamos como ostras.

Estructuras

A. The imperfect subjunctive Change each statement you hear so that it describes the past, using the cue provided. The speaker will confirm your response. Repeat the correct response. Follow the model.

> MODELO: Yo quiero que tú vuelvas. (yo quería)
> **Yo quería que tú volvieras.**

1. (no creía)
2. (nos dijeron)
3. (no me gustaba)
4. (me alegré)
5. (te sugerí)
6. (dudaba)
7. (esperábamos)
8. (no había nadie)
9. (necesitaba)
10. (buscábamos)

B. Some uses of the prepositions *a*, *de*, and *en* Answer the following questions, using the cues provided. Pay special attention to the use of prepositions. The speaker will confirm your response. Repeat the correct response. Follow the model.

> MODELO: ¿A qué hora vienen? (a las cinco de la tarde)
> **Vienen a las cinco de la tarde.**

1. (no, avión)
2. (mañana)
3. (sí, de ojos verdes)
4. (el lunes)
5. (bucear)
6. (el sábado)
7. (el campo de golf)
8. (deportes)

C. The present perfect subjunctive Negate each sentence you hear, using the expression **No es verdad** and the present perfect subjunctive. The speaker will confirm your response. Repeat the correct response. Follow the model.

> MODELO: Ana ha perdido la raqueta.
> **No es verdad que Ana haya perdido la raqueta.**

Más práctica

A. Dibujos (*Drawings*) You will hear three statements about each drawing. Choose the letter of the statement that best corresponds to the drawing. The speaker will verify your response.

1. Ernesto
   a b c

2. Julia
   a b c

3. a b c

4. Rafael
   a b c

5. Raúl
   a b c

B. Unos diálogos breves Before listening to the dialogues in this section, study the comprehension questions below. Reviewing the questions ahead of time will help you to remember key information as you listen. Then listen carefully to the dialogues and answer each question, omitting the subject. The speaker will confirm your response. Repeat the correct answer.

1. ¿Qué va a hacer Ernesto este fin de semana?
2. ¿Por qué no necesita la caña de pescar de Tito?
3. ¿Por qué no puede ir Tito con Ernesto?
4. ¿Adónde van a ir después?
5. ¿Sara y Beatriz son buenas amigas?
6. ¿Dónde se conocieron?
7. ¿Sara va a ir con ellos al campo?
8. ¿Por qué no puede Sara ir con ellos?
9. ¿Qué cree Beatriz?
10. ¿Qué dice Gustavo de Sara?

C. Para contestar Answer the questions you hear, using the cues provided. The speaker will confirm your answers. Repeat the correct answer.

1. (acampar y escalar montañas)
2. (una vez)
3. (cabaña)
4. (no)
5. (comprar las entradas)
6. (pescar)
7. (no)
8. (un partido de fútbol)
9. (sí)
10. (no)

D. Tome nota You will hear three friends talking about their plans for the weekend. First listen carefully for general comprehension. Then, as you listen for a second time, fill in the information requested.

Persona	Actividad	Lugar	Lo que necesita
Antonio:	_____	_____	1. _____
	_____	_____	2. _____
Miguel:	_____	_____	_____
Marisol:	_____	_____	_____

E. Dictado The speaker will read six sentences. Each sentence will be read twice. After the first reading, write what you heard. After the second reading, check your work and fill in what you missed.

1. _____
2. _____
3. _____
4. _____
5. _____
6. _____

Hasta ahora... Una prueba

Let's combine the structure and the vocabulary from **Lecciones 15** and **16**. How much can y remember?

A. Complete the following exchanges, using the future tense or the conditional tense of the verbs given.

1. —¿Qué _____ (hacer) Uds. este fin de semana?

    —_____ (Ir) a acampar, _____ (pescar) y _____ (hacer) un

    picnic en el campo. ¿Y Uds.?

    —El sábado, nosotros _____ (comprar) las entradas para el partido de fútbol y por

    la noche _____ (salir) con Teresa y Carlos.

    —¿Y el domingo?

    —_____ (Ir) a la playa, _____ (hacer) *surfing* y _____ (tomar)

    el sol. No _____ (poder) quedarnos mucho tiempo porque por la tarde

    _____ (tener) que estar temprano en el estadio para ver el juego de fútbol.

2. —¿A qué hora te dijo Ignacio que _____ (venir) hoy?

    —Me dijo que no _____ (poder) estar aquí antes de las nueve.

3. —¿Qué te dijeron los chicos?

    —Me dijeron que hoy _____ (salir) con sus amigos y que _____ (volver)

    tarde.

4. —Yo siempre juego al tenis los domingos.

    —Yo no _____ (jugar) al tenis. _____ (Ir) a la playa y _____

    (usar) mi tabla de mar.

B. Complete the following exchanges, using the Spanish equivalent of the words in parentheses.

1. —¿A qué hora _____? (*will you have finished*)

    —A las siete, y a las ocho ya _____ a casa. (*will have returned*)

...Mario al hospital?

_____ coche.

_____ una ambulancia. (*would have called*)

...o. Fuimos al cine.

_____ con Raúl, y _____

(would have gone out / we would have gone)

...padres no vieron _____ en la fiesta. (*your Mom*)

—Ella no fue a la fiesta. Se quedó _____. (*at home*)

5. —¿Cómo es la novia de Jaime?

—Es morena, _____ y es la más simpática

_____. (*with green eyes / in her family*)

6. —¿Silvia ya está _____? (*at the hotel*)

—Sí, llegó _____. (*at three in the afternoon*)

—¿Vino _____? (*by plane*)

—Sí.

7. —Siento mucho que Miguel _____ venir a la fiesta. (*has not been able*)

—Sí, es una lástima que _____ toda la semana. (*he has been sick*)

C. Arrange the following vocabulary in groups of three, according to categories.

miel de abeja	sur	catarro	fiebre	enyesar	empeorarse
tienda de campaña	tos	acampar	canoa	tobillo	accidente
emergencia	cara	bucear	armar	médico	consultorio
tomar el sol	lago	toser	oeste	resfrío	curarse
temperatura	boca	playa	pierna	quebrarse	mejorarse
hacer *surfing*	ojos	norte	vólibol	resfriado	fútbol
broncearse	pie	recetar	nadar	estadio	romperse
ambulancia	remar	grado			

1. _____ _____ _____

2. _____ _____ _____

3. _____ _____ _____

4. _____ _____ _____

5. _____   _____   _____

6. _____   _____   _____

7. _____   _____   _____

8. _____   _____   _____

9. _____   _____   _____

10. _____   _____   _____

11. _____   _____   _____

12. _____   _____   _____

13. _____   _____   _____

14. _____   _____   _____

15. _____   _____   _____

Un paso más

A. Read the ad below, and then answer the questions that follow.

Clínica La Benéfica
Un centro médico para el cuidado
de la salud de toda la familia

- Medicina general   • Análisis   • Rayos X
    • Laboratorio   • Farmacia

Médicos especializados en:
- **Enfermedades del corazón**
- **Enfermedades de los pulmones y del estómago**
- **Problemas del embarazo**
- **Fracturas**

Consultorios abiertos de lunes a viernes, de 8 a 5

Servicio de ambulancias las 24 horas del día

Sala de emergencia totalmente equipada

Servicio de enfermeras a domicilio

Aceptamos todo tipo de seguros

Teléfonos 512-223 ✶ 512-231
Calle Palma No. 645
Amplio espacio de estacionamiento

1. ¿Cómo se llama la clínica y dónde está situada (*located*)?

   _____

2. ¿En qué enfermedades (*sicknesses*) tiene la clínica médicos especializados?

   _____

3. Mi esposa está embarazada; ¿puede ir a ver a algún médico en la clínica? ¿A cuál?

   _____

4. Si me fracturé (*break*) una pierna, ¿puedo ir a La Benéfica o no? ¿Por qué?

   _____

5. ¿Puedo ir al consultorio de un médico el sábado? ¿Por qué?

    _____

6. ¿Puedo hacerme radiografías o análisis en la clínica? ¿Por qué?

    _____

7. ¿Por qué puedo comprar medicinas en la clínica?

    _____

8. Si tengo un accidente, ¿puedo ir a la clínica? ¿Por qué?

    _____

9. ¿Cómo pueden transportarme a la clínica en caso de accidente?

    _____

10. Mi seguro (*insurance*) es de accidentes de trabajo. ¿Lo aceptan en la clínica? ¿Cómo lo sabe
    Ud.?

    _____

11. Si necesito el cuidado (*care*) de una enfermera (*nurse*) en mi casa, ¿puedo conseguirlo a través
    de la clínica?

    _____

12. Si necesito estacionar mi coche en la clínica, ¿voy a tener problemas?

    _____

B. You are trying to convince a friend who doesn't like outdoor activities to go camping with you.
Tell him about all the activities that you can do during the weekend and what a wonderful time
you are going to have. Be very convincing.

Lección 17

Workbook Activities

Estructuras

A. The pluperfect subjunctive I Complete the chart, paying particular attention to the use of the pluperfect subjunctive.

	English	Verbs that require the subjunctive	que	Subject of subordinate clause	Imperfect subjunctive of *haber*	Past participle
1.	I didn't think that they had come.	**No creía**	**que**	**ellos**	**hubieran**	**venido.**
2.	She was sorry that you had gone.	Sentía		tú		
3.	We were hoping that you had finished.	Esperábamos		Uds.		
4.	He doubted that she had died.					muerto.
5.	You were afraid that she had returned.				hubiera	
6.	They denied that she had done it.	Negaron				
7.	I didn't think that you had gone out.			tú		
8.	We were sorry that you had left.			Uds.		
9.	I hoped that she had learned.					
10.	I didn't think that Rose had gone to Madrid.	No creía				
11.	I was glad that the car had started.	Me alegré de				
12.	You didn't think that we had said that.					

B. The pluperfect subjunctive II
How did everybody react to what happened? Complete the following statements, using the pluperfect subjunctive.

1. Ellos me ofrecieron el puesto.

   Yo me alegré de que _____

2. La jefa de personal no me entrevistó.

   Mi padre sintió que _____

3. Nosotros tuvimos que darle un aumento de sueldo.

   Ellos no creían que _____

4. Ella terminó la entrevista.

   Yo dudaba que _____

5. Tú gastaste una fortuna en equipos electrónicos.

   Fue una lástima que _____

6. Ustedes desempeñaron varios puestos.

   Tú dijiste que no era verdad que _____

7. Los empleados no estuvieron de acuerdo con el supervisor.

   Me sorprendió que _____

8. El Sr. Barrios estaba encargado de la sección de compras.

   Mi jefa se alegró de que _____

C. *If* clauses I
Look at the illustrations and write what the people shown *would do* if circumstances were different. Follow the model.

MODELO: Yo no tengo dinero.
Si tuviera dinero, viajaría.

1. Roberto no tiene tiempo.

   Si _____.

2. Elsa no está de vacaciones.

   Si _____.

3. Ellos no tienen hambre.

   Si _____.

4. Tú tienes que trabajar.

   Si no _____.

5. Uds. no van a la fiesta.

   Si _____.

6. Hoy es sábado.

   Si no _____.

D. *If* clauses II Look at the illustrations and write what the people shown *will do* if circumstances permit. Follow the model.

MODELO: No sé si tendré dinero o no.
Si tengo dinero, viajaré.

1. Yolanda y yo no sabemos si el coche está descompuesto o no.

   Si _____.

2. No sé si ellas quieren hamburguesas o no.

   Si _____.

3. No sé si Laura está enferma o no.

   Si _____.

4. No sé si tú tienes el periódico o no.

   Si _____.

5. No saben si el autobús pasa por aquí o no.

   Si _____.

Name _____ Section _____ Date _____

E. Review of the uses of the subjunctive Complete the following sentences with the subjunctive if there is a change of subject or with the infinitive if there is no change of subject.

1. Quiero _____ (solicitar) el trabajo en esa compañía.

   Quiero que tú _____ (solicitar) el trabajo en esa compañía.

2. ¿Deseas _____ (comprar) una impresora?

   ¿Deseas que yo _____ (comprar) una impresora?

3. Ellos prefieren que nosotros _____ (escribir) a máquina.

   Ellos prefieren _____ (escribir) a máquina.

4. Necesito _____ (conseguir) unos disquetes.

   Necesito que ellos me _____ (conseguir) unos disquetes.

5. Me alegro de que ustedes _____ (estar) aquí.

   Me alegro de _____ (estar) aquí.

6. Temo no _____ (llegar) temprano a la oficina.

   Temo que nosotros no _____ (llegar) temprano a la oficina.

7. Espero _____ (hacer) el trabajo mañana mismo.

   Espero que él _____ (hacer) el trabajo mañana mismo.

8. Siento que tú _____ (tener) que servir de intérprete.

   Siento _____ (tener) que servir de intérprete.

In the following sentences, use the subjunctive to refer to someone or something that is indefinite, unspecified, or nonexistent; use the indicative when referring to a specific person or thing.

9. Necesito un empleado que _____ (saber) inglés y francés.

   Tengo un empleado que _____ (saber) inglés y francés.

10. Hay dos candidatos que _____ (tener) experiencia.

    No hay ningún candidato que _____ (tener) experiencia.

11. Quiero un empleado que _____ (poder) hacer ese trabajo.

    Tenemos un empleado que _____ (poder) hacer ese trabajo.

12. ¿Conoces a alguien que _____ (ser) traductor?

    He conocido a un muchacho que _____ (ser) traductor.

Use the subjunctive in the sentences that refer to future action and the indicative in those that do not.

13. Voy a ayudarte hasta que (tú) _____ (terminar) el trabajo.

     Siempre te ayudo hasta que (tú) _____ (terminar) el trabajo.

14. Siempre pongo un anuncio cuando _____ (necesitar) un empleado.

     Pondré un anuncio cuando _____ (necesitar) un empleado.

15. Haré las traducciones cuando _____ (tener) tiempo.

     Siempre hago las traducciones cuando _____ (tener) tiempo.

16. Se lo diré en cuanto ellos _____ (llegar).

     Generalmente se lo digo en cuanto ellos _____ (llegar).

Complete each sentence with the subjunctive after verbs and expressions of doubt, uncertainty, or disbelief; use the indicative to indicate belief or certainty.

17. Dudo que ellos _____ (querer) trabajar en esta compañía.

     No dudo que ellos _____ (querer) trabajar en esta compañía.

18. Es probable que nosotros _____ (salir) el sábado.

     Es seguro que nosotros _____ (salir) el sábado.

19. Creo que los compradores _____ (venir) a las ocho.

     No creo que los compradores _____ (venir) a las ocho.

In the following sentences, use the subjunctive when the main clause denies what the subordinate clause expresses, and use the indicative when it does not.

20. No es verdad que el gerente me _____ (haber dicho) eso.

     Es verdad que el gerente me _____ (haber dicho) eso.

21. Niego que nosotros _____ (haber hecho) eso.

     No niego que nosotros _____ (haber hecho) eso.

F. Situaciones You find yourself in the following situations. What do you say?

1. You are interviewing a candidate for a position in your company. Tell him you want him to talk to you about his experience in the business world.

   _____

2. You indicate that you need someone to be in charge of the selection and purchase of electronic equipment.

   _____

   _____

3. You tell someone that your father suggested that you ask for a raise.

   _____

   _____

4. You admit to someone that, if they had paid you a good salary at the company where you worked, you would have continued to work there.

   _____

   _____

5. You have been interviewed for a job. Tell the interviewer that you hope he'll let you know about his decision.

   _____

   _____

6. Tell a friend that, if he calls you and you are not home, he can leave you a message on the answering machine.

   _____

   _____

G. Crucigrama

Horizontal

2. persona que asiste
3. Es agente de bienes _____.
6. opuesto de **primero**
8. Usa un _____ de textos.
10. Es agente de _____ públicas.
12. seguir
13. cartas
16. acto de supervisar
18. Quiero un _____ de sueldo.
19. Es contador _____.
21. oficina
22. ¿Sabe escribir a _____?
23. Necesitamos un nuevo equipo _____.
24. opuesto de **vendedor**

Vertical

1. Trabaja para Prudential. Es agente de _____.
4. sueldo
5. Es empleado _____. Trabaja para el Banco Central.
7. Te dejé un mensaje en la máquina _____.
9. acción de evaluar
11. *laptop computer*, en español

14. Tengo una carta de _____ de mi antiguo jefe.
15. Es traductor e _____.
17. parte de la computadora que se usa para escribir
20. persona que tiene acciones en una compañía

H. ¿Que pasa aquí...? Look at the illustrations and answer the following questions.

A.

1. ¿Qué puesto tiene la Sra. Lara?

_____

2. ¿Para qué compañía trabaja?

_____

3. ¿Quedó muy impresionada con el resumé de la Srta. Paz?

_____

4. ¿Qué puede hacer la Srta. Paz para la compañía?

_____

5. ¿La Sra. Lara ha decidido darle el puesto a la Srta. Paz?

_____

B.

1. ¿Qué tiene el Sr. Rojas en su escritorio?

_____

2. ¿Qué está escuchando el Sr. Rojas?

_____

3. ¿Qué está haciendo Mirta?

_____

4. ¿Usted cree que Mirta es la asistente del Sr. Rojas?

_____

5. ¿Qué tendrá que escribir Mirta más tarde?

_____

6. ¿Hasta qué hora estará Mirta en la oficina?

_____

El mensaje de Luis: ¡Me dieron el puesto!

Queridos padres:

¡Tengo magníficas noticias! La semana pasada me entrevistaron para el puesto de supervisor del Departamento de Compras de una compañía de importaciones. Yo le hablé a la jefa de personal de toda mi experiencia y ella leyó las cartas de recomendación de mis antiguos jefes. Por lo visto° quedó muy impresionada y ayer por la tarde me llamó para decirme que el puesto era mío.

Apparently

Como ustedes saben, me gustaba mucho mi trabajo en la otra compañía y, si me hubieran dado el aumento que les pedí, me habría quedado allí.

En fin, comienzo a trabajar la semana próxima. Ya lo vamos a celebrar cuando vaya a Barcelona.

Un abrazo,
Luis

¡Conteste! Answer the following questions based on the reading.

1. ¿Cuándo entrevistaron a Luis para el puesto?

    _____

2. ¿Para qué puesto lo entrevistaron?

    _____

3. ¿De qué le habló Luis a la jefa de personal?

    _____

4. ¿Qué leyó la jefa de personal?

    _____

5. ¿Cómo cree Luis que quedó la jefa de personal con las cartas de recomendación?

    _____

6. ¿Cuándo llamó la jefa de personal a Luis? ¿Para qué?

    _____

7. ¿Qué le gustaba mucho a Luis?

    _____

8. ¿Qué habría hecho él si le hubieran dado el aumento que les pidió?

    _____

9. ¿Cuándo comienza a trabajar Luis?

    _____

10. ¿Qué van a hacer cuando él vaya a Barcelona?

    _____

Panorama hispánico

Complete the following chart.

España

Capital: _____

Países que forman la Península Ibérica: _____ y _____

Extensión total: _____

Civilizaciones que tuvieron influencia en España: _____, _____ y

_____.

Montañas que separan a España de Francia: _____

Número de turistas que visitan España anualmente: _____

Sistema de gobierno: _____

Moneda: _____

Famoso museo de España: _____

Pintores famosos: _____, _____,

_____ y _____

Laboratory Activities

Diálogos

Dos entrevistas Listen to the dialogues twice, paying close attention to the speakers' intonation and pronunciation patterns. First, listen to the entire dialogue; then, as you listen for a second time, pause the recording after each sentence and repeat after the speaker.

La Sra. Vigo Acosta, jefa de personal de una compañía de importaciones en Madrid, está en su oficina, lista para entrevistar a dos candidatos para el puesto de supervisor del Departamento de Compras.

La primera entrevista es con Luis Menéndez Cancio, contador público especializado en mercadeo.

SRA. VIGO Quiero que me hable de su experiencia en el mundo de los negocios, sobre todo en el puesto que desempeñaba en la compañía Telelux.

LUIS Muy bien. Yo era segundo jefe de compras de la compañía. Estaba encargado de la selección, evaluación y compra de los equipos electrónicos que vende la compañía: computadoras, impresoras, videograbadoras, fotocopiadoras, sistemas de comunicación telefónica, etc. Tenía seis empleados que trabajaban bajo mi supervisión.

SRA. VIGO ¡Mucha responsabilidad para un hombre tan joven como usted! ¿Y por qué dejó ese puesto, Sr. Menéndez?

LUIS Porque pedí un aumento y no me lo dieron, a pesar de que, además de mi trabajo, servía de traductor de toda la correspondencia en inglés y, a veces, servía de intérprete.

SRA. VIGO Entonces, ¿Ud. pensaba que el sueldo que le pagaban no compensaba todo su trabajo?

LUIS Exactamente. Si me hubieran dado el aumento, habría continuado trabajando allí.

SRA. VIGO Si le ofreciéramos el puesto, ¿cuándo podría empezar a trabajar?

LUIS La semana próxima.

SRA. VIGO Perfecto. Si hoy termino las entrevistas, espero poder avisarle sobre mi decisión mañana mismo.

La segunda entrevista es con Pablo Casas Ariet, que acaba de graduarse y tiene un título en filosofía.

SRA. VIGO Espero que tenga conocimiento de ordenadores, Sr. Casas.

PABLO No... Sé escribir a máquina... con dos dedos...

SRA. VIGO ¿No sabe usar un procesador de textos?

PABLO No... pero creo que puedo mandar un fax...

SRA. VIGO Gracias, Sr. Casas. En cuanto terminemos las entrevistas, le avisaremos.

PABLO Bueno. ¡Ah! Si me llama y no estoy en casa, puede dejarme un mensaje en la máquina contestadora. A veces voy a visitar a mi tío, el señor José Ariet...

Pablo sale de la oficina. Elena, la secretaria de la Sra. Vigo, entra con unas carpetas que va a archivar.

ELENA   ¿Le va a dar el puesto al Sr. Menéndez? Leí su resumé y las cartas de recomendación de sus antiguos jefes. ¡Quedé muy impresionada!

SRA. VIGO   ¡Yo también! Voy a hablar con el Sr. Valdivia, que es el que tiene la última palabra. Si él está de acuerdo conmigo, le ofrecemos el puesto.

ELENA   ¿Y el Sr. Casas? Si hubiera estudiado administración de empresas en vez de filosofía... quizá...

SRA. VIGO   Le vamos a ofrecer un puesto... el de asistente del Sr. Menéndez.

ELENA   Porque parece muy inteligente y encantador... y puede aprender muy rápido, ¿verdad?

SRA. VIGO   No... porque su tío es uno de los principales accionistas de la compañía...

A. Preguntas y respuestas   You will now hear questions about the dialogues. Answer each one, omitting the subject. The speaker will confirm your response. Repeat the correct response.

B. Situaciones   The speaker will present several situations based on the dialogue. Respond appropriately in Spanish to each situation. The speaker will confirm your response. Repeat the correct response. Follow the model.

> MODELO: You tell someone that you work under Mr. Vega's supervision.
> **Trabajo bajo la supervisión del Sr. Vega.**

Pronunciación

When you hear the number, read the corresponding sentence aloud. Then listen to the speaker and repeat the sentence.

1.   Es la jefa de personal de una compañía de importaciones.
2.   Es contador público, especializado en mercadeo.
3.   Estaba encargado de la selección de los equipos electrónicos
4.   Vendíamos sistemas de comunicación telefónica.
5.   Mucha responsabilidad para un hombre tan joven.
6.   Servía de traductor de toda la correspondencia en inglés.

Estructuras

A. The pluperfect subjunctive   Change each statement you hear, using the cue provided and the pluperfect subjunctive. The speaker will confirm your response. Repeat the correct response. Follow the model.

> MODELO: Teresa había hablado con el supervisor. (yo esperaba)
> **Yo esperaba que Teresa hubiera hablado con el supervisor.**

1.   (no era verdad)
2.   (yo temía)
3.   (no era verdad)
4.   (ellos temían)
5.   (yo esperaba)
6.   (no era verdad)
7.   (ellos no creían)
8.   (yo dudaba)

312   Lección 17, Laboratory Activities

B. *If* **clauses I** Respond to each question by saying what you would do if things were different, using the cue provided and the imperfect subjunctive. The speaker will confirm your response. Repeat the correct response. Follow the model.

> **MODELO:** ¿Por qué no compras esa computadora? (ser más barata)
> **La compraría si fuera más barata.**

1. (poder)
2. (tener dinero)
3. (tener tiempo)
4. (estar aquí)
5. (gustarme)
6. (ser más temprano)

C. *If* **clauses II** You will hear a series of statements about things that *would* have happened. Complete each one by adding an *if clause*, using the cue provided. The speaker will confirm your response. Repeat the correct response. Follow the model.

> **MODELO:** Yo habría venido. (tener tiempo)
> **Yo habría venido si hubiera tenido tiempo.**

1. (poder)
2. (tú ayudarme)
3. (ser necesario)
4. (ella dársela)
5. (nosotros llamarte)

D. **Review of the uses of the subjunctive** The speaker will ask you some questions. Answer them, using the cues provided. The speaker will confirm your response. Repeat the correct response. Follow the model.

> **MODELO:** ¿Qué necesitas que yo haga? (archivar las cartas)
> **Necesito que archives las cartas.**

1. (Madrid)
2. (Barcelona)
3. (ir a la entrevista)
4. (cobrar mucho)
5. (sí)
6. (no)
7. (sí / un señor)
8. (llamar a Eva)
9. (traer los documentos)
10. (no)

A. Dibujos (*Drawings*) You will hear three statements about each drawing. Choose the letter of the statement that best corresponds to the drawing. The speaker will verify your response.

1.

a   b   c

2.

a   b   c

3.

Pedro
(18 años)

a   b   c

4.

a   b   c

5.

a   b   c

B. Unos diálogos breves Before listening to the dialogues in this section, study the comprehension questions below. Reviewing the questions ahead of time will help you to remember key information as you listen. Then listen carefully to the dialogues and answer each question, omitting the subject. The speaker will confirm your response. Repeat the correct answer.

1. ¿Qué quiere Raúl que haga Delia?
2. ¿Qué le contesta Delia?
3. ¿Lo haría si pudiera?
4. ¿A quién le va a pedir Raúl que escriba las cartas?
5. ¿Mandó Ricardo su resumé?
6. ¿Qué decidió Ricardo?
7. ¿Qué dice Ricardo del sueldo que pagan?
8. ¿Qué habría hecho Olga si hubiera sabido que Ricardo no quería el trabajo?
9. ¿Cuántos candidatos hay para el puesto?
10. ¿Qué no ha hecho todavía la Sra. Silva?
11. ¿Quién tiene más experiencia en el mundo de los negocios?
12. ¿Quién tiene la última palabra?

C. **Para contestar** Answer the questions you hear, using the cues provided. The speaker will confirm your answers. Repeat the correct answer.

1. (no)
2. (sí)
3. (no)
4. (mañana mismo)
5. (a mi antiguo jefe)
6. (usar una computadora)
7. (el ratón)
8. (un agente de bienes raíces)
9. (Roberto Fuentes)
10. (no, nadie)

D. **Tome nota** You will hear a conversation in which Mr. Cano interviews Miss Eva Lara for a position in his company. First listen carefully for general comprehension. Then, as you listen for a second time, fill in the information requested.

Entrevista

Nombre de la candidata: _____

Título: _____

Compañía anterior: _____

Antigua jefa: _____

Años de experiencia: _____

Sueldo que ganaba: _____

Fecha en que puede empezar a trabajar: _____

E. **Dictado** The speaker will read six sentences. Each sentence will be read twice. After the first reading, write what you heard. After the second reading, check your work and fill in what you missed.

1. _____
2. _____
3. _____
4. _____
5. _____
6. _____

Name _____   Section _____   Date _____

Lección **18**

Workbook Activities

Estructuras

A. Uses of some prepositions after certain verbs At a party, these exchanges are heard among the guests. Complete them, using the correct prepositions.

1. —¿Jaime te invitó _____ cenar?

    —Sí, y después fuimos _____ visitar _____ su padrino.

    ¿Tú te acuerdas _____ él?

    —Sí, es encantador. Me alegro _____ que hayan ido

    _____ verlo.

    —Bueno, Jaime insistió _____ que fuéramos.

2. —Fíjate _____ el vestido de Lola. ¡Es ridículo!

    —¡Ay, sí! ¿_____ qué estaba pensando cuando lo compró?

    —No sé... Ella sueña _____ ser actriz de cine, y quiere parecer sexy...

3. —¿Cuándo te casas _____ Antonio?

    —El dos de junio. ¿Vas _____ asistir _____ la boda?

    —Naturalmente. Ah, ¿ya sabes que Mirta se comprometió _____ Raúl?

    —Sí, me lo han dicho.

Copyright © Heinle, Cengage Learning. All rights reserved.

317

B. Uses of *por* and *para* in certain expressions Match the questions in column A with the corresponding answers in column B.

A

_____ 1. ¿Dónde hay un hotel?

_____ 2. ¿Pudiste ir al estreno?

_____ 3. ¿A Beto le gusta la banda sonora de esa película?

_____ 4. ¿Terminaron de ensayar?

_____ 5. ¿Dónde tienen los festivales de cine?

_____ 6. ¿Vas a estudiar el libreto?

_____ 7. Estás loquita por él, ¿verdad?

_____ 8. No tiene experiencia, ¿lo van a contratar?

_____ 9. ¿La película tuvo éxito?

_____ 10. ¿Te gusta Sevilla?

_____ 11. ¿El director se enojó?

_____ 12. ¿Para qué compraste ese vestido?

B

a. Sí, por fin.

b. Sí, y por suerte él también me quiere.

c. Por lo general, en Cannes.

d. No, y para peor costó una fortuna.

e. Por supuesto que no.

f. Sí, por eso se la compré.

g. Sí, sin qué ni para qué.

h. Hay uno por aquí cerca.

i. Sí, quiero quedarme aquí para siempre.

j. Para ir a la boda.

k. No, por desgracia no tuve tiempo.

l. Sí, por si acaso me dan el papel.

C. Some idiomatic expressions Berta complains about everything. Complete her statements, using the Spanish equivalent of the idiomatic expressions given.

1. Yo le hice un gran favor a Paco y no me _____. (*thanked*)

2. Te dije que vinieras a las cuatro _____ y no viniste. (*at the latest*)

3. Se fue _____, sin decir nada. (*suddenly*)

4. _____ cuando la gente no es puntual. (*It makes me mad*)

5. Olga no vino a buscarme; _____. (*she stood me up*)

6. No me gusta el vestido que Carmen _____. (*has on*)

7. Ella dice que yo no soy eficiente, pero _____ lo que ella piense.

   (*I don't care*)

8. _____ las películas tienen mucha violencia. (*Nowadays*)

9. Tú nunca haces lo que yo te digo; _____ vas a tener problemas.

   (*sooner or later*)

10. Celia es irresponsable. Ella dice que me va a ayudar, pero yo _____

    porque la conozco. (*don't fool myself*)

D. Situaciones You find yourself in the following situations. What do you say?

1. You tell Paquito's parents that he insisted on watching cartoons.

    _____

2. Tell a friend that (they) are going to show (for the first time) a thriller and ask her if she wants to go to the movies with you.

    _____

    _____

3. Indicate that you want to be in charge of casting and that you dream of being a movie director some day.

    _____

    _____

4. You ask a friend whether he prefers science fiction movies, war movies, or mystery movies.

    _____

    _____

5. You complain about your brother. Say that it makes you mad when he makes fun of you and pulls your leg.

    _____

    _____

6. Someone tells you that people are waiting for you. Tell him/her to let them wait.

    _____

    _____

E. Crucigrama

Horizontal

2. Jennifer López es una famosa _____.
4. obra de teatro; obra _____
6. Antonio Banderas, por ejemplo
7. Los _____ de cine de Cannes son muy famosos.
10. Él quiere seguir los _____ de su padre.
14. Asiste a la _____ secundaria.
15. John Wayne hizo muchas películas del _____.
18. el mes que viene: el mes _____
19. persona que dirige una película
21. Nunca veo películas de _____ ficción.
23. persona que toca un instrumento musical
24. Estados Unidos tuvo una _____ con Vietnam.
25. No faltó nadie. Vino todo el _____.
26. Amelia siempre me toma el _____.

12. pertenecer: yo _____
13. mujer que baila
16. Hoy ponen la película por primera vez. Hoy es el _____.
17. No quiero _____ la entrevista.
20. No sé la fecha. ¿A _____ estamos hoy?
22. Walt Disney hizo muchos dibujos _____.
27. La película no le gustó a nadie. No tuvo _____.

Vertical

1. Nora tiene el papel principal. Es la _____.
3. No puedo ver el programa. Lo voy a _____.

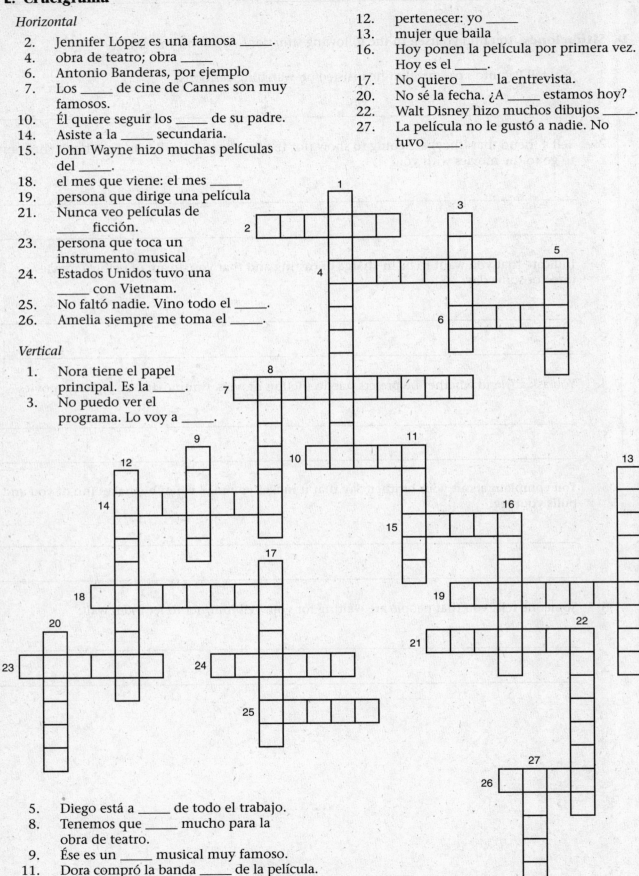

5. Diego está a _____ de todo el trabajo.
8. Tenemos que _____ mucho para la obra de teatro.
9. Ése es un _____ musical muy famoso.
11. Dora compró la banda _____ de la película.

F. ¿Qué pasa aquí? Look at the illustrations and answer the following questions.

A.   **B.**

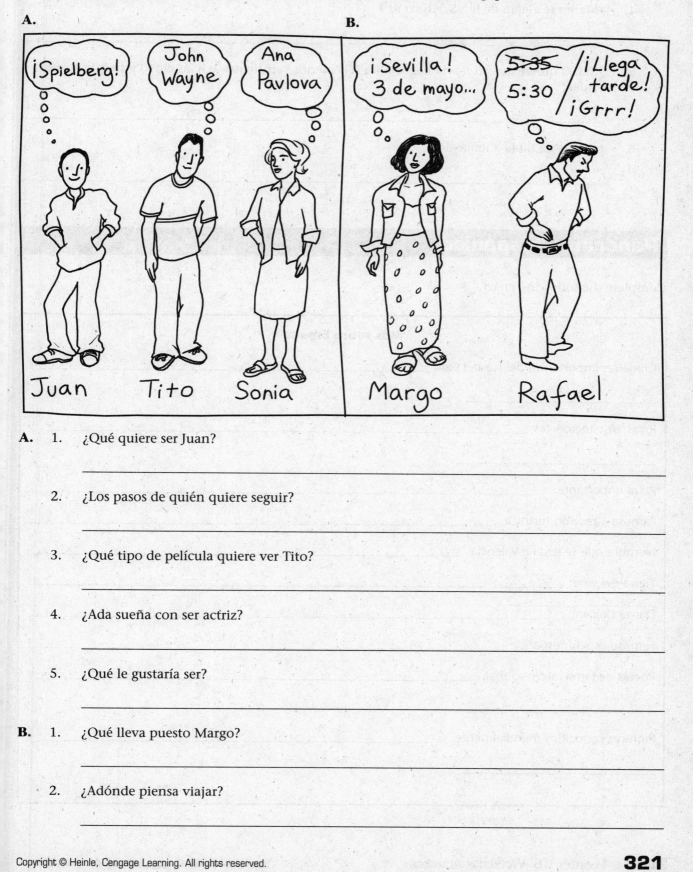

A. 1. ¿Qué quiere ser Juan?

_____

2. ¿Los pasos de quién quiere seguir?

_____

3. ¿Qué tipo de película quiere ver Tito?

_____

4. ¿Ada sueña con ser actriz?

_____

5. ¿Qué le gustaría ser?

_____

B. 1. ¿Qué lleva puesto Margo?

_____

2. ¿Adónde piensa viajar?

_____

3.   ¿Va a ir a fines o a principios de mes?

_____

4.   ¿Margo se alegra de ir a Sevilla o no?

_____

5.   ¿Rafael quiere que su novia llegue a las seis menos veinticinco o a las cinco y treinta a más
     tardar?

_____

6.   ¿Qué le da rabia a Rafael?

_____

Panorama hispánico

Complete the following chart.

Más sobre España
Ciudades importantes del sur del país: _____, _____ y _____
Joyas arquitectónicas: _____, _____ y _____
Plaza importante: _____
Famosa atracción turística: _____
Nombre que se le da a Valencia: _____
Tierra del vino: _____
Danza típica: _____
Famoso escritor español: _____
Poetas de fama internacional: _____, _____ y _____
Pintores conocidos mundialmente: _____, _____ y _____.

Laboratory Activities

Diálogo

El futuro director Listen to the dialogue twice, paying close attention to the speakers' intonation and pronunciation patterns. First, listen to the entire dialogue; then, as you listen for a second time, pause the recording after each sentence and repeat after the speaker.

Ángel Estévez Peña es un chico sevillano muy simpático que está comprometido con Marisol, una chica de Granada que conoció en la escuela secundaria. Los dos pertenecen a un grupo de teatro de aficionados y hoy están en la casa de Marisol, esperando al resto de los muchachos para ensayar una obra de teatro que van a presentar el mes que viene. Están sentados en un sofá, conversando.

MARISOL	Me gusta el teatro, pero creo que sería interesante filmar una película. Cuando era chica no me perdía una, especialmente si era una comedia musical o una película de misterio.
ÁNGEL	Yo prefería las de guerra, las de acción, o las de ciencia ficción, especialmente si tenían efectos especiales...
MARISOL	¡Ay, Ángel! Los verdaderos actores y las grandes actrices no necesitamos efectos especiales si la trama es buena.
ÁNGEL	A mí me gustaría dirigir... seguir los pasos de Almodóvar, o de Spielberg, por ejemplo, o estar a cargo de la programación de un canal... o quizás ser crítico y tener mi propia columna en un periódico importante... ¡Yo creo que tendría éxito!
MARISOL	*(Bromeando)* Bueno... a mí me dijeron que tú criticabas a todo el mundo, así que eso te vendría de perillas...
ÁNGEL	*(Se ríe)* ¡Por eso no te hablo de mis ilusiones! ¡Porque te burlas de mí...!
MARISOL	No, guapo. Me gusta tomarte el pelo a veces, pero tú sabes que estoy loquita por ti...
ÁNGEL	¡Y yo por ti! Oye, ¿a qué hora te dijeron los chicos que iban a estar aquí?
MARISOL	Bueno... eran las dos cuando hablé con Álvaro y él me dijo que estaban a veinte minutos de mi casa.
ÁNGEL	Entonces no tenemos tiempo de ver un documental sobre el baile flamenco que ponen en el Canal 2. ¿Por qué no lo grabamos?
MARISOL	No sabía que te interesaba el baile flamenco...
ÁNGEL	Bueno... al fin y al cabo tengo dos hermanas que son bailarinas... tus futuras cuñadas...
MARISOL	Es verdad. Oye, ¿y cuándo van a ser mis cuñadas...?
ÁNGEL	A ver... ¿a cuánto estamos hoy? A 15 de julio, ¿no? ¿Qué te parece si la boda es en diciembre...? Si quieres casarte con un futuro director de cine...
MARISOL	*(Lo abraza.)* ¡Sí! ¡Sí!
ÁNGEL	Tocan el timbre... Ya están aquí...
MARISOL	*(Que sigue en los brazos de su prometido)* ¡Que esperen...!

A. Preguntas y respuestas You will now hear questions about the dialogues. Answer each one, omitting the subject. The speaker will confirm your response. Repeat the correct response.

B. Situaciones The speaker will present several situations based on the dialogue. Respond appropriately in Spanish to each situation. The speaker will confirm your response. Repeat the correct response. Follow the model.

> MODELO: You ask a friend if she remembers your brother.
> **¿Te acuerdas de mi hermano?**

Pronunciación

When you hear the number, read the corresponding sentence aloud. Then listen to the speaker and repeat the sentences.

1. Ángel Estévez es un chico sevillano.
2. Pertenecen a un grupo de teatro de aficionados.
3. Sería interesante filmar una película.
4. Las grandes actrices no necesitamos efectos especiales.
5. Yo creo que tendría éxito.
6. Al fin y al cabo tengo dos hermanas que son bailarinas.

Estructuras

A. Uses of some prepositions after certain verbs Answer the following, using the cues provided and paying special attention to the prepositions **a**, **de**, **con**, and **en**. The speaker will confirm your response. Repeat the correct response. Follow the model.

> MODELO: ¿A qué universidad asiste Ana? (Universidad Central)
> **Asiste a la Universidad Central.**

1. (cenar)
2. (el tango)
3. (Ángel)
4. (Marisol)
5. (mis amigos)

6. (las llaves)
7. (no)
8. (España)
9. (ensayar hoy)
10. (Sevilla)

B. Uses of *por* and *para* in certain expressions Answer the following questions, using the cues provided. Pay special attention to the uses of the prepositions **por** and **para**. The speaker will verify your response. Repeat the correct reponse. Follow the model.

> MODELO: ¿Compraste las entradas? (no, por desgracia / no poder)
> **No, por desgracia no pude comprarlas.**

1. (no)
2. (los sábados)
3. (sí, por fin)
4. (practicar español)

5. (sí, para siempre)
6. (sí, por suerte)
7. (sí, por supuesto)

C. Some idiomatic expressions You will now hear some statements. Respond to each one, saying **lógico** if the statement is logical or **ilógico** if the statement is illogical. The speaker will confirm your response. Follow the model.

> MODELO: Piensan quedarse en esta casa para siempre. Se mudan el mes entrante.
> **Ilógico**

Más práctica

A. Dibujos (*Drawings*) You will hear three statements about each drawing. Choose the letter of the statement that best corresponds to the drawing. The speaker will verify your response.

1.

   a   b   c

2.

   a   b   c

3.

   a   b   c

4.

   a   b   c

5.

   a   b   c

B. Unos diálogos breves Before listening to the dialogues in this section, study the comprehension questions below. Reviewing the questions ahead of time will help you to remember key information as you listen. Then listen carefully to the dialogues and answer each question, omitting the subject. The speaker will confirm your response. Repeat the correct answer.

1. ¿Qué le pregunta Jorge a Mirta?
2. ¿Cuándo van a presentar la obra teatral?
3. ¿Ya están listos para presentar la obra?
4. ¿Por qué dice Jorge que no tiene que ser perfecta?
5. ¿Qué tipo de película vio Teresa el otro día?
6. ¿Le gustó?
7. ¿Qué dijeron los críticos de la película?
8. ¿Teresa está de acuerdo con los críticos?
9. ¿Por qué está Pablo de acuerdo con los críticos?
10. ¿Qué le interesa más a Teresa, la trama o la actuación?

C. Para contestar Answer the questions you hear, using the cues provided. The speaker will confirm your answers. Repeat the correct answer.

1. (en la escuela secundaria)
2. (no)
3. (las comedias musicales)
4. (no, nunca)
5. (mi hermano)
6. (a veinte minutos)
7. (no)
8. (de ciencia ficción)
9. (sobre España)
10. (Spielberg)

D. Tome nota You will hear a conversation between two friends about different movies. First listen carefully for general comprehension. Then, as you listen for a second time, fill in the information requested.

Nombre de la película	Tipo de película	Cine
1.		
2.		
3.		
4.		
5.		

E. Dictado The speaker will read six sentences. Each sentence will be read twice. After the first reading, write what you heard. After the second reading, check your work and fill in what you missed.

1. _____

2. _____

3. _____

4. _____

5. _____

6. _____

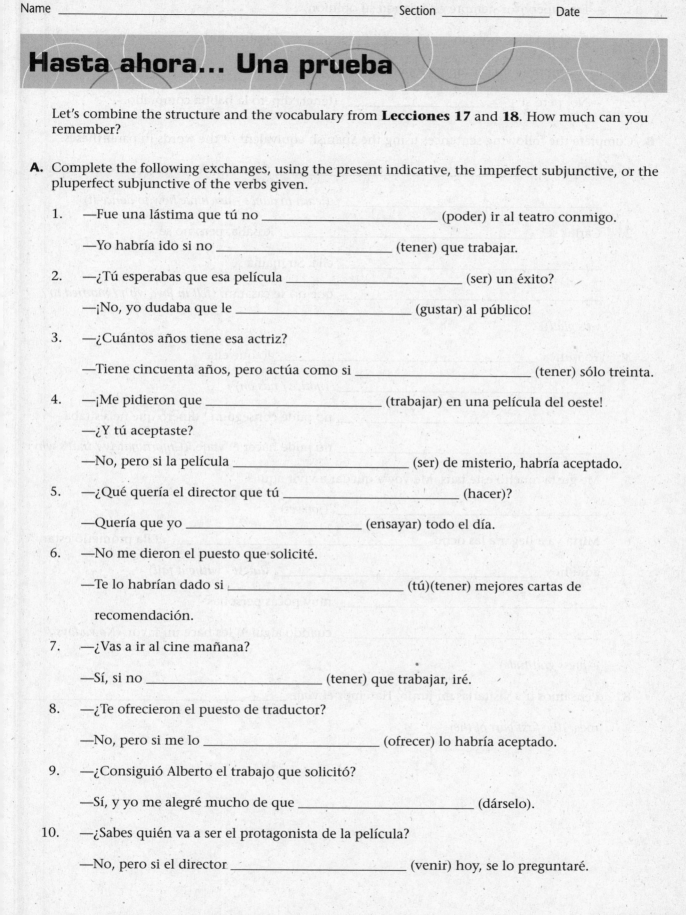

Name _____ Section _____ Date _____

Hasta ahora... Una prueba

Let's combine the structure and the vocabulary from **Lecciones 17** and **18**. How much can you remember?

A. Complete the following exchanges, using the present indicative, the imperfect subjunctive, or the pluperfect subjunctive of the verbs given.

1. —Fue una lástima que tú no _____ (poder) ir al teatro conmigo.

   —Yo habría ido si no _____ (tener) que trabajar.

2. —¿Tú esperabas que esa película _____ (ser) un éxito?

   —¡No, yo dudaba que le _____ (gustar) al público!

3. —¿Cuántos años tiene esa actriz?

   —Tiene cincuenta años, pero actúa como si _____ (tener) sólo treinta.

4. —¡Me pidieron que _____ (trabajar) en una película del oeste!

   —¿Y tú aceptaste?

   —No, pero si la película _____ (ser) de misterio, habría aceptado.

5. —¿Qué quería el director que tú _____ (hacer)?

   —Quería que yo _____ (ensayar) todo el día.

6. —No me dieron el puesto que solicité.

   —Te lo habrían dado si _____ (tú)(tener) mejores cartas de

   recomendación.

7. —¿Vas a ir al cine mañana?

   —Sí, si no _____ (tener) que trabajar, iré.

8. —¿Te ofrecieron el puesto de traductor?

   —No, pero si me lo _____ (ofrecer) lo habría aceptado.

9. —¿Consiguió Alberto el trabajo que solicitó?

   —Sí, y yo me alegré mucho de que _____ (dárselo).

10. —¿Sabes quién va a ser el protagonista de la película?

    —No, pero si el director _____ (venir) hoy, se lo preguntaré.

329

11. —Ese supervisor siempre está dando su opinión.

—Sí, él habla como si lo _____ (saber) todo.

12. —¿Compraste una computadora nueva?

—No, pero si _____ (tener) dinero la habría comprado.

B. Complete the following sentences using the Spanish equivalent of the words in parentheses.

1. Yo quiero _____ flamenco. Y mi novio dice que él va a

_____. (*learn to dance / teach me how to dance it*)

2. Carlos se _____ Rosalía, pero no se

_____ ella. Su mamá se

_____ que no se casaran. (*fell in love with / married to /*

was glad)

3. Yo nunca _____ lo que ella

_____. (*notice / has on*)

4. _____ no pude conseguir el dinero que necesitaba.

_____ no pude hacer el viaje. (*Unfortunately / that's why*)

5. Me gusta mucho este país. Me voy a quedar a vivir aquí

_____. (*forever*)

6. Mirta va a llegar a las ocho _____. Ella prometió estar

aquí hoy _____. (*latest / without fail*)

7. _____ muy pocas personas

_____ cuando alguien les hace un favor. (*Nowadays /*

express gratitude)

8. Pensamos ir a visitarlas en junio. Haremos el viaje _____

mes. (*the first part of the*)

C. Arrange the following vocabulary in groups of three, according to categories.

correspondencia	fax	aumento	sueldo	obra de teatro
entrevistar	película	supervisor	puesto	computadora
procesador de textos	ratón	música	intérprete	supervisor
correo electrónico	actor	trabajo	ensayar	orquesta
grupo musical	carta	asistente	criticar	pantalla
escribir a máquina	cine	candidato	traductor	actuación
obra teatral	jefe	columna	salario	presidente
videograbadora	facsímil	gerente	actriz	administrador
fotocopiadora	filmar	empleo	entrevista	crítico

1. _____ _____ _____

2. _____ _____ _____

3. _____ _____ _____

4. _____ _____ _____

5. _____ _____ _____

6. _____ _____ _____

7. _____ _____ _____

8. _____ _____ _____

9. _____ _____ _____

10. _____ _____ _____

11. _____ _____ _____

12. _____ _____ _____

13. _____ _____ _____

14. _____ _____ _____

15. _____ _____ _____

Un paso más

A. Read the ad below, and then answer the questions that follow.

Compañía Multinacional de Importaciones

necesita

Administrador

para sus oficinas en Madrid

Requisitos:

- Ser graduado de administración de negocios
- Tener amplios conocimientos de informática
- Hablar inglés y francés además de español
- Tener por lo menos tres años de experiencia
- Estar dispuesto a viajar frecuentemente
- Ser graduado de Administración de Negocios
- Tener entre 30 y 45 años de edad

Ofrecemos:

**Excelente salario, beneficios, seguro médico
y oportunidades de ascender en la compañía**

Enviar resumé y tres cartas de recomendación a

Calle Alcalá, 524
Madrid, España

1. ¿A qué negocio se dedica la Compañía Multinacional?

   _____

2. ¿En qué ciudad va a trabajar la persona que consiga el puesto?

   _____

3. ¿Qué debe haber estudiado la persona que va a desempeñar el trabajo?

   _____

4. ¿De qué debe tener conocimientos?

   _____

5. ¿Qué idiomas debe poder hablar?

_____

6. ¿Cuántos años de experiencia debe tener?

_____

7. Una persona a la que no le gusta viajar, ¿debe solicitar el puesto? ¿Por qué?

_____

8. Un joven de veinticinco años, ¿debe solicitar el trabajo o no? ¿Por qué?

_____

9. ¿Cómo es el salario que ofrece la compañía?

_____

10. ¿Qué tipo de beneficios puede recibir la persona que consiga el trabajo?

_____

11. ¿Qué debe enviar al hacer su solicitud?

_____

12. ¿Adónde debe enviar lo que se le pide?

_____

B. Write an e-mail to a friend, telling her about the last movie you saw. Tell her about the plot, the actor/actress, the type of movie it was, and give your opinion about the movie. If you know the opinion of the critics, mention it and say if you agree with them or not and why.